本書爲國家古籍整理出版專項經費資助項目

中國佛教典籍選刊

金剛經宗通箋注

〔明〕曾鳳儀 撰
張培鋒 箋注

中華書局

圖書在版編目(CIP)數據

金剛經宗通箋注/(明)曾鳳儀撰;張培鋒箋注. —北京:中華書局,2022.4(2024.11 重印)
(中國佛教典籍選刊)
ISBN 978-7-101-15247-0

Ⅰ.金… Ⅱ.①曾…②張… Ⅲ.①佛經②《金剛經》-注釋 Ⅳ.B942.1

中國版本圖書館 CIP 數據核字(2022)第 044457 號

封面題簽:徐 俊
責任編輯:鄒 旭
特約編輯:黄雯睿
封面設計:周 玉
責任印製:陳麗娜

中國佛教典籍選刊
金剛經宗通箋注
〔明〕曾鳳儀 撰
張培鋒 箋注
*
中華書局出版發行
(北京市豐臺區太平橋西里 38 號 100073)
http://www.zhbc.com.cn
E-mail:zhbc@zhbc.com.cn
三河市鑫金馬印裝有限公司印刷
*
850×1168 毫米 1/32 · 9⅛印張 · 2 插頁 · 175 千字
2022 年 4 月第 1 版 2024 年 11 月第 4 次印刷
印數:7001-9000 册 定價:38.00 元

ISBN 978-7-101-15247-0

中國佛教典籍選刊編輯緣起

佛教是世界三大宗教之一，約自東漢明帝時開始傳入中國，但在當時並没有産生多大影響。到魏晉南北朝時期，佛教和玄學結合起來，有了廣泛而深入的傳播。隋唐時期，中國佛教走上了獨立發展的道路，形成了衆多的宗派，在社會、政治、文化等許多方面特别是哲學思想領域産生了深刻的影響。這時佛教已經中國化，完全具備了中國自己的特點。而且，隨着印度佛教的衰落，中國成了當時世界佛教的中心。宋以後，隨着理學的興起，佛教被宣布爲異端而逐漸走向衰微。但是，佛教的部分理論同時也被理學所吸收，構成了理學思想體系中的有機組成部分。直到近代，佛教的思想影響還在某些著名思想家的身上時有表現。總之，研究中國歷史和哲學史，特别是魏晉南北朝隋唐時期的哲學史，佛教是一項重要内容。佛學作爲一種宗教哲學，在人類的理論思維的歷史上留下了豐富的知識經驗。因此，應當重視佛學的研究。

佛教典籍有其獨特的術語概念以及細密繁瑣的思辨邏輯，研讀時要克服一些特殊的困難，不少人視爲畏途。解放以後，由於國家出版社基本上没有開展佛教典籍的整理出版工作，因此，對於系統地開展佛學研究來説，急需解决基本資料缺乏的問題。目前對佛學有較深研究的專家、學者，不少人年事已高，如果不抓緊組織他們整理和注釋佛教典籍，將來再開展這項工作就會遇到更多困難，也不利於中青年研究工作者的成長。爲此，我們在廣泛徵求各方面意見的基礎上，初步擬訂了中國佛教典籍選刊的整理出版計劃。其中，有重要的佛教史籍，有中國佛教幾個主要宗派（天台宗、三論宗、唯識宗、華嚴宗、禪宗）的代表性著作，也有少數與中國佛學淵源關係較深的佛教譯籍。所有項目都要選擇較好的版本作爲底本，經過校勘和標點，整理出一個便於研讀的定本。對於其中的佛教哲學著作，還要在此基礎上，充分吸取現有研究成果，寫出深入淺出、簡明扼要的注釋來。

由於整理注釋中國佛教典籍困難較多，我們又缺乏經驗，因此，懇切希望能够得到各方面的大力支持和協助，使這項工作得以順利完成。

中華書局編輯部

一九八二年六月

目録

箋注説明

曾鳳儀，生卒年不詳，明代衡州（今湖南衡陽）人。據乾隆衡州府誌等載，曾鳳儀字舜徵，號金簡。仕至禮部郎中。性敏好學，宗陸象山之心學。後信仰佛教，持戒茹素，研讀經論，致力參省工夫，自號南嶽山長。著書立説，作有首楞嚴經宗通、楞伽經宗通、金剛經宗通等，與晚明高僧憨山德清、密藏道開等有交游。曾鳳儀本人的佛學修養得到後世很多佛教界人士的肯定，如楊仁山等不等觀雜録卷二佛學書目表般若部推崇金剛經宗通「引證淵博，會通宗旨，文義暢達，震醒聾聵」。太虚法師在中國佛學一書中説：「明季居士中，如曾鳳儀、錢謙益等，以禪發揮教義，曾作有多部宗通。」論及明代居士佛教時亦謂：「復有周海門、袁中郎、曾鳳儀、錢牧齋諸居士，皆宗説兩通，道觀雙流，各就所得，著書立説。」

金剛經宗通乃對後秦鳩摩羅什所譯金剛般若波羅蜜經的注釋著作。在歷代諸多金剛經注釋著作中，金剛經宗通具有特殊的價值和地位。一方面，它以鳩摩羅什譯本爲主，同時又參考了北魏菩提流支所譯金剛般若波羅蜜經和唐代玄奘所譯大般若波羅蜜多經卷五七七能斷金剛分，力求融合南北朝至唐代多種金剛經譯本。在思想内容上，作者對天親菩薩造、北魏菩提流支譯金剛般若波羅蜜經論非常推崇，打破一般通行本對金剛經三十二分的結構，而以天親的「斷二十七疑」爲核心綱領，對金剛經的行文邏輯、思想内涵等作出新的闡發。在對經文的具體闡釋中，又節取宋代長水子璿金剛經纂要刊定記一書之精要部分。子璿（九六五—一〇三八），爲北宋華嚴宗高僧，著述甚豐，其楞嚴義疏二十卷、金剛經纂要刊定記七卷等對後世佛教思想發展影響巨大。此外，宗通還採納了題爲梁傅翕所作傅大士頌金剛經、功德施菩薩所造金剛經破取著不壞假名論等以偈頌方式對金剛經所作的闡發文句。更重要的特色是，宗通廣泛採集了禪宗語録中相關機緣語句，予以會通解説，對於理解金剛經和禪門語録的思想具有雙重作用，體現出中國人對金剛經這部重要佛教典籍的解悟和發揮，對於研究宋元之後中國佛教思想的發展具有一定參考價值。

在行文結構上，金剛經宗通形成自身獨特的闡釋方式，每段大致包括以下部分：先引證一段金剛經經文，基本採用鳩摩羅什譯本，但個别之處亦綜合了北魏菩提流支或唐代玄奘的譯本； 其後，引證一則傅大士頌闡解此段經文的内容。 作者的解説部分一般以「通曰」引領，先以簡練的語言概括此段經文大意，其後引證、會通彌勒菩薩偈和金剛經刊訂記、破取著不壞假名論等對金剛經此段經文的解釋内容，實有整合、貫通以上金剛經注解諸作之意。 最後引證數則禪門中與金剛經此節經文思想、内容相關之公案、語録，並以三言兩語作出精彩點評、總結。 經過這樣的處理，作者相當於融會貫通了金剛經的幾種重要譯本、注本以及禪宗語録對金剛經的發揮，稱之爲「宗通」確實是名副其實的。

金剛經宗通，正文七卷，附録二卷，現存版本有：

一、浙圖、國圖、青島圖、上圖、南圖、津圖均藏光緒十一年金陵刻經處刻本；

二、南圖藏咸豐三年刻本；

三、國圖藏商務印書館一九二五年刻本；

四、卍續藏本，第二五册，東京國書刊行會一九八九年版。

根據版本調查情況，此次整理，以光緒十一年金陵刻經處本作爲底本，以卍續藏本爲主要參校本，同時與原書所引金剛般若波羅蜜經論、金剛經纂要刊定記、金剛經破取著不壞假名論及禪宗語録等原典進行核校。爲方便一般讀者閲讀，本箋注對書中重要引文、佛教名相概念、疑難字詞等作出箋注或解説，以助於對金剛經宗通佛學思想的理解。

本書第八、九兩卷乃曾鳳儀根據長水子璿金剛經纂要刊定記的觀點，將唐代義淨所譯署名無著菩薩造能斷金剛般若波羅蜜多經論釋和北魏菩提流支所譯署名天親菩薩造金剛般若波羅蜜經論中的偈頌合二爲一，並認爲無著、天親之頌皆傳承自彌勒菩薩，故又稱「彌勒菩薩八十行偈」，因之作金剛般若波羅蜜經偈釋兩卷，對兩種譯本的八十行偈作出全面闡釋和解讀。金陵刻經處本將偈釋附於金剛經宗通之後，作爲宗通第八、第九卷刊行，本書據此點校。

另編兩份附録收在書末，供讀者參考。附録一爲散見於方志、寺志、佛教典籍和文人别集中的曾鳳儀詩文和涉及曾鳳儀的相關資料。附録二爲引用書目，對箋注使用的佛教典籍及其作者、版本等作出説明。

金剛宗通緣起

蓋聞佛智甚深，上哲莫窺其際；聖言至妙，庸流豈識其端？空生〔一〕唱無説而雨花，疑絲暗擲；無著〔二〕昇兜率而面教，分部猶違。乃知般若無邊，允唯金剛第一。研窮匪易，信受誠希。幸偈衍於慈尊〔三〕，繩墨具在；喜頌揚於大士〔四〕，敲唱同符。西乾功德施〔五〕，洞燭空假之致；長水刊定記〔六〕，略標合併之規。均之羽翼天親〔七〕，剖二十七疑而悉斷〔八〕；要於鋪舒法體，破凡所有相以皆非。第破相之旨愈微，而如幻之觀漸密。已入住地〔九〕，猶云無住相應；纔起度生，普令無度爲尚。救偏於虛無之界，决機於杳靄之鄉。良以執隱於俱生，金剛其對證之劑；位登於等覺，此乘有到岸之功。唯佛能知，非凡所測。契此深深之義，還他上上之根。在昔黄梅〔一〇〕，獨謂是經能見性。於時六祖，果於言下便知歸。五葉既開，人握如來之印。一燈相續，別稱教外之傳。悟不由師，語多合轍。機鋒迴露，陸離寶劍之光；照用齊彰，璀璨摩尼之色。信乎後五百世，勿謂無人；若也持四句經，終當有入。

鳳儀學慙專詣，識謝徧參。道味悅心，似有投於夙好。禪關娛老，或不昧於往因。適兹鬬諍之秋，横出和同之見。謂宗即教，熾然説、無間説，盡屬言詮。謂教即宗，如來禪、祖師禪，總須坐卻。銷歸自己，拈花與拈句何殊？了徹那邊，所見與所聞奚異？斯則宗通即啓經之鑰，而説通亦入悟之門也。障礙都融，真如頓顯。

若夫鳩摩擅譯，業示信於舌根〔一〕。而冥主效靈，詔補遺於石刻〔二〕。衆生一段，慧命偶增。乃至色見聲求，尚遺四句之偈；如露如電，尤闕三種之緣〔三〕。偈論既有明徵，經文焉可殘略？僭録唐譯，用備周觀。重釋偈言，附載篇末。頃緣先君奄逝，日誦斯經。因於墓次參求，遂成此集。冀微霑乎湛露，庶少潤於枯骸。依金剛以藏形，敢企清涼之窟。偶山名之相似，聊資般若之熏。法與地而俱靈，幽與明而永賴。敬付剞劂，廣爲流通。儻取證於無生，均銜恩於罔極。

南嶽山長金簡曾鳳儀舜徵父題

【箋注】

〔一〕空生：須菩提之意譯。據傳其初生之時，家室盡空，以表解空之相，故名空生。又謂數日後，失去之財寶忽然而現，故名善現、善吉。見吉藏維摩經義疏卷三。其爲釋迦牟尼十大弟子之一，被譽爲解空第一，爲金剛般若波羅蜜經之當機者。

〔二〕無著：古印度大乘佛教瑜伽行派創始人之一，大約生活於公元四〇〇至四七〇年，梵文音譯爲阿僧伽。大唐西域記卷五阿踰陀國記載他曾以神通往兜率天，從彌勒菩薩受大乘空觀及瑜伽師地論等大乘論典，歸來後爲衆人演説的傳説。著有金剛般若波羅蜜經論，有隋南天竺三藏法師達摩笈多和唐三藏法師義淨的兩種漢譯本。

〔三〕慈尊：即彌勒菩薩，亦稱梅呾麗耶菩薩、末怛唎耶菩薩、迷底履菩薩等，意譯爲「慈氏」，佛典謂其先佛入滅，以菩薩身爲天人説法，住於兜率天，未來將下生此世，於龍華樹下成佛，故又稱爲未來佛。有關彌勒的事跡可以參看所謂「彌勒三部經」，即彌勒上生經一卷、彌勒下生經一卷、彌勒大成佛經一卷。其所造「八十偈釋」開創金剛般若波羅蜜經之一大解釋系統，經無著、天親之傳承而流佈人間。金剛經宗通一書即承此系統而集大成者。

〔四〕大士：指傅大士，浙江義烏人。字玄風，號善慧，又稱雙林大士等，中國佛教信仰其爲彌勒菩薩化身之説，所著心王銘、傅大士頌金剛經、善慧大士語録等對後世佛教發展影響巨大，事跡見彭紹昇居士傳卷七。現代一些學者如日本的柳田聖山等認爲，現存傅翕的許多作品乃唐代流傳的歌曲體裁，其思想亦近南宗禪，大概係假託之作。金剛經宗通一書多引述傅大士頌，將其視爲「彌勒八十行偈」之別傳。

〔五〕功德施：古印度大乘佛教學者，著有金剛般若波羅蜜經破取著不壞假名論，簡稱功德施論，二卷。漢譯本爲唐代天竺國僧人地婆訶羅譯。此論觀點亦爲金剛經宗通所廣泛吸納。

〔六〕長水刊定記：子璿（九六五—一〇八三），北宋華嚴宗僧，杭州錢塘人。俗姓鄭，號東平，人稱長水大師、楞嚴大師，事跡見補續高僧傳卷二長水法師傳。著有楞嚴義疏二十卷、金剛經纂要刊定記七卷、起信論筆削記二十卷等。金剛經宗通一書乃承其觀點，對金剛經纂要刊定記的核心内容作出摘要與發揮。

〔七〕天親：音譯婆藪槃豆、筏蘇槃豆，又譯爲世親。與其兄無著同爲古印度大乘佛教瑜伽行派創始人，其事跡可參看大唐西域記卷四。他著述甚多，有攝大乘論釋十五卷、十地經論十二卷、金剛般若波羅蜜經論三卷、三十唯識論頌、大乘百法明門論、無量壽經優波提舍等。其中金剛般若波羅蜜經論，漢譯本爲北魏菩提流支譯，爲金剛經宗通一書之最重要依據。

〔八〕剖二十七疑而悉斷：金剛經纂要刊定記卷一：「斷二十七疑者，準天親論，從佛答三問畢，便躡跡斷疑，乃至經終二十七段，謂第一求佛行施住相疑，乃至第二十七入寂如何説法疑。」宗通一書没有採用世俗流通本三十二分的分段系統，而承繼自天親以來的二十七疑分段系統，亦屬該書一大特色。

〔九〕住地：菩薩修行之過程分爲五十二階位，其中第十一至第二十階位，屬於「住位」，稱爲「十住地」。謂會理之心，安住不動。實叉難陀譯華嚴經卷十六十住品謂：「何者爲十？所謂：初發心住、治地住、修行住、生貴住、具足方便住、正心住、不退住、童真住、王子住、灌頂住，是名菩薩十住。」

〔一〇〕黄梅：地名，在今湖北黄梅。禪宗五祖弘忍在此地以金剛經設化印心，六祖壇經行由品謂：「大師常勸僧俗，但持金剛經，即自見性，直了成佛。惠能聞説，宿昔有緣，乃蒙一客，取銀十兩與惠能，令充老母衣糧，教便往黄梅參禮五祖。」

〔一一〕示信於舌根：據高僧傳卷二鳩摩羅什傳載，羅什圓寂後火化，「薪滅形碎，唯舌不灰」，以此證明其所譯經典皆達佛意。

〔一二〕詔補遺於石刻：參看一五四頁注文及一五六頁注釋〔一〕。此事又見金剛經感應傳等書。

〔一三〕參看一六九頁「若以色見我」偈後所録唐玄奘譯能斷金剛般若波羅蜜多經内容，及一九六頁「一切有爲法」偈後所録唐譯本内容。以上皆表明金剛經宗通雖以鳩摩羅什譯本爲主，但未局限於此本。

金剛般若波羅蜜經宗通卷一

姚秦三藏法師鳩摩羅什此云童壽譯
西天功德施菩薩破取著不壞假名論
梁傅大士頌
宋嘉禾長水法師子璿金剛刊定記
明菩薩戒弟子南嶽山長曾鳳儀宗通

通曰：此經名金剛般若波羅蜜，是第一波羅蜜，如來爲發大乘者說，爲發最上乘者說，非尋常智慧可倫也。且須菩提讚歎如來，善護念諸菩薩，善付囑諸菩薩。唯菩薩位中能發阿耨多羅三藐三菩提心，所以護念之使常住，所以付囑之使度生。須得妙慧降伏其心，乃能證於如來無上菩提，故佛以金剛般若語之。緣資糧位、加行位，已證三空。得無生法忍，至通達位〔一〕，初地菩薩，得分證真如，尚餘俱生我執；至八地捨藏，尚餘俱生法執。此二種執，各有微細所知愚，極微細所知愚，至等覺位方斷。所以斷之者，唯有甚深金剛如幻三昧，足爲對治之法。初地所得，二地破之，二地所得，三地破之，地地增進，至等覺位即無可破，所謂「金剛道後異熟空」者〔二〕，即此義也。

又金剛十種深喻所云如幻如夢等，與經末如露如電偈同，彼於報化法身，尚以幻夢觀之，非甚深智能作如是觀乎？此須菩提所爲流涕，歎所未聞也。

刊定記云：金剛者，乃帝釋〔三〕之寶杵，具極堅極利二義。何謂極堅？無物可能壞之。何謂極利？以能碎壞諸物也。若有一物能壞，即非極堅，一物不碎，即非極利。如銀鐵雖堅，遇火則融，刀劍雖利，斫石則缺，非極堅利也。般若有實相、觀照二種，亦具堅利之義。堅則實相般若，以其雖經多劫，流迸六道，而覺性無壞，未嘗生滅，未嘗虧缺，故云堅也。利則觀照般若，謂此慧顯時，照諸法空，煩惱諸結、無明惑暗，無不斷壞，故言利也。由斯二義，似彼金剛，故舉金剛之堅喻般若體，金剛之利喻般若用。法喻雙彰，故曰金剛般若也。

梵語波羅蜜，此云到彼岸，謂離衆生生死此岸，度煩惱大河中流，到諸佛涅槃彼岸。然達生死本空，煩惱本無，即到彼岸，非真有彼此之異，特到彼岸不無頓漸耳。頓則慧纔發時，見五蘊空，一刹那間便到彼岸，以不歷多時，乃名爲頓。漸則雖能頓照法空，由有多生習性，任運計執，未得念念相應，故須聽聞正法，思惟其義。策彼頓悟之慧，覺察妄情，損之又損，以至於無，畢竟到於彼岸，但以經歷多時，故名爲漸。遲速雖殊，一種得名到彼岸慧也。

梵語脩多羅，義翻爲契經，謂契理契機也。契理，則説事如事，説理如理。契機，則令聽者悟解，歡喜信受。經者，謂貫也，攝也。貫穿所應説義，攝持所化衆生。佛滅度後二千餘年，衆生得聞正法，皆貫穿攝持之力也。

天竺有無著菩薩，入日光定，上昇兜率天宫，請問彌勒慈尊。彌勒爲説八十行偈以顯經旨。無著又將此偈轉授其弟天親，天親依偈成論三卷，約斷疑執以釋此金剛正義也。解者捨此不究，悉是邪説。余因取功德施菩薩所造論，參考於長水子璿刊定記，間採諸老宿機緣語句合之，遂名之曰宗通云。

僧問智門：「如何是般若體？」門云：「蚌含明月。」僧云：「如何是般若用？」

門云：「兔子懷胎。」雪竇頌云：「一片虚凝絶謂情，人天從此見空生。蚌含玄兔深深意，曾與禪家作戰爭。」〔四〕

法眼圓成實性頌云：「理極忘情謂，如何得喻齊。到頭霜夜月，任運落前溪。果熟兼猿重，山遥似路迷。舉頭殘照在，元是住居西。」〔五〕學者須於此等語句參透，方知般若親切處，不至紛紛爲無益爭辨矣。

【箋注】

〔一〕唯識宗將大乘菩薩階位分爲五種，即：一、資糧位；二、加行位；三、通達位；四、修習位；五、究竟位。見成唯識論卷九。

〔二〕見唐代玄奘所撰八識規矩頌：「不動地前纔捨藏，金剛道後異熟空。」明真可八識規矩頌解謂：「第八地爲不動地，此識初至此地，纔捨能藏、所藏、執藏，至金剛道後乃等覺位。異熟者，變異而熟，異時而熟，異類而熟。金剛道後斷生相無明，異熟種子方空也。」

〔三〕帝釋：音譯釋迦提桓因陀羅，略稱釋提桓因、釋迦提婆，又有天帝釋、天主、因陀羅等名。爲忉利天之天主，後成爲佛法之守護神。見長阿含經卷十釋提桓因問經等。

〔四〕見圓悟克勤佛果圜悟禪師碧巖録卷九第九〇則。

〔五〕見金陵清涼院文益禪師語録。又見佛果圜悟禪師碧巖録卷四第三十四則評唱。

如是我聞，一時，佛在舍衛國祇樹給孤獨園，與大比丘衆千二百五十人俱。爾時，世尊食時，著衣持鉢，入舍衛大城乞食。於其城中，次第乞已，還至本處。飯食訖，收衣鉢，洗足已，敷座而坐。

通曰：此般若全部有六百卷〔一〕，凡四處十六會説。一王舍城鷲峰山七會，二給孤獨園七會，三他化天宫摩尼寶藏殿一會，四王舍城竹林園白鷺池側一會。計九會放光，見是光者，皆得阿耨多羅三藐三菩提。是光即智慧光也，佛説此經，甚深微妙，何以不放光哉？佛顯平等智故，即於平等放光而衆不察也。「爾時，世尊食時，著衣持鉢」，是手上放光也；「入舍衛大城乞食」，是足下放光也；「於其城中，次第乞已」，是眼中放光也。「還至本處，飯食訖」，是口中放光也；「收衣鉢，洗足已，敷座而坐」，是通身放光也。又此經爲護念付囑諸菩薩故，説於六度無相法門。乞食，所以教衆生布施；著衣持鉢，以彰其戒；次第行乞，以彰其忍；足不染塵而又洗足，以彰精進；還至本處，敷座而坐，以彰禪定。説在祇園又入城乞食，説在乞食又還歸本處，一一不住於相，莫非甚深般若之顯現也。有上根利智者，觀察世尊放如是光，即得金剛如幻三昧而登彼岸，又何假於開示哉？

刊定記曰：序有二種，一證信序，二發起序〔二〕。初「如是我聞」至「五十人俱」，證信序也。證信者，顯說聽時處，一一分明，以證非謬。一時者，即如來說法、大衆聽受之時也。佛者，說法之主也。祇陀太子所施之樹，給孤獨長者所買之園，此說法處也。與大比丘等者，聽法之衆也。俱者，同此一時一處也。以如是等語冠於諸經之首者，如來臨滅度時，阿難問佛：「一切經前，當安何語？」佛言：「當安如是我聞、一時、佛在某處、與某衆若干等。非但我法如是，三世諸佛法皆如是。」故阿難遵依佛敕，以冠於首，證己所傳，無異說故。

「爾時世尊」至「敷座而坐」，是爲入定。戒資定，定能發慧，以戒定發起般若正宗也。食時〔三〕者，寅卯辰，諸天食時；巳未午，人法食時；申酉戌，鬼神食時；亥子丑，畜生食時。今當人食時，則乞求不難。若非時而乞，欲施即無，不施又愧，便成惱他。乞之不得，亡餐又飢，便成惱自。著衣者，著二十五條大衣也。持鉢者，持昔成道時四天王所獻紺瑠璃鉢〔四〕也。然須著衣持鉢者，爲離苦、樂二邊故。諸在家者，好尚錦綺華潔衣服寶器，增長放逸，太著樂邊；出家外道等，苦行躶形，手捧飯食，致招訶醜，太著苦邊。佛處中行，故著衣持鉢也。

舍衛國，此云聞物，謂名聞勝德之人，奇異珍寶之物，多出此國。西域記：國周六十餘里，内城周二十里〔五〕。故云處廣。智度論云：居家九億〔六〕。故曰人多。佛入舍衛大城次第乞者，不越貧從富，不捨賤從貴，大慈平等，無有選擇。還至本處者，化事已終，還歸祇園。飯食者，佛欲使行施者得福滿足也。有説：「食欲至口，有威德天在側隱形，接至他方，施作佛事，斯則示現而食，非真食也。」〔七〕收衣鉢者，休息攀緣，心無勞慮。洗足者，清淨身業，不染塵累。此二皆爲後世軌範，故爾示現。敷座而坐者，自敷座具，結跏趺坐，端身而住，正念不動，示將欲説法也。

如來每會説般若，皆自敷座具，爲般若出生諸佛，即是佛母，表敬般若，故自敷座。智者頌曰：「法身本非食，應化亦如然。爲長人天福，慈悲作福田。收衣息勞慮，洗足離塵緣。欲證三空理，跏趺示入禪。」〔八〕

昔龍潭信禪師問天皇曰：「某自到來，不蒙指示心要。」皇曰：「自汝到來，吾未嘗不指汝心要。」信曰：「何處指示？」皇曰：「汝擎茶來，吾爲汝接；汝行食來，吾爲汝受；汝和南時，吾便低首。何處不指示心要？」信低頭良久。皇曰：「見則直下便見，擬思即差。」信當下開解，復問：「如何保任？」皇曰：「任性逍遥，隨緣放曠。但盡凡心，别無聖解。」後棲止龍潭。李翱刺史問：「如何是真如般若？」信曰：「我無真如般若。」李曰：「幸遇和尚。」信曰：「此猶是分外之言。」〔九〕又僧問趙州：「學人乍入叢林，乞師指示。」州云：「喫粥了也未？」僧云：「喫了。」州云：「洗鉢盂去！」其僧因此契悟。天童頌云：「粥罷令教洗鉢盂，豁然心地自相符。而今參飽叢林客，且道其間有悟無？」〔一〇〕由二則觀之，可知如來自著衣持鉢，至敷座而坐，已説真如般若竟，何事於言？

【箋注】

〔一〕此般若全部有六百卷：指唐代玄奘所譯大般若波羅蜜多經，凡六百卷，略稱大般若經。共計四處十六會，其中第九會能斷金剛分一卷，相當於梵文金剛能斷般若波羅蜜多經，乃佛對善現尊者（即須菩提）説菩薩乘之發趣、般若之修行及心之攝伏等。此會與後秦鳩摩羅什、北魏菩提流支、陳真諦譯之金剛般若波羅蜜經各一卷，及隋笈多譯之金剛能斷般若波羅蜜經一卷、唐義淨譯之能斷金剛般若波羅蜜多經一卷等皆屬同本異譯。

〔二〕金剛經纂要刊定記卷二：「此經從『如是』至『敷座而坐』，是序分。『時長老』下至『應作如是觀』，是正宗分。『佛説是經』下至『信受奉行』，是流通分。證信者，即六成就也，顯説聽時處，一一分明，以證非謬，令物生信故。發起者，則以事相表示發起正宗法義也。然此二序更有異名，謂『通序』『別序』。『通』謂諸經同故云云，『別』謂諸經別故云云。亦謂『經後序』『經前序』。『經後序』者，佛説之時未有，結集之時方安立故。『經前序』者，佛先發起，方説經故。」

〔三〕食時：法苑珠林卷四二食時部第五：「問曰：何名食時？何名過時？答曰：依四分律云，謂明相出時，始得食粥，明相未出，即是非時。乃至日中。案：此午時爲法，即是食時。依僧祇律云：過此午時影一髮一瞬草葉等，即是非時。四天下準此皆同。故毘羅三昧經世尊爲法惠菩薩説云：食有四種，旦天食時，午法食時，暮畜生食時，夜鬼神食時。佛斷六趣因，令同三世佛，故日午時是法食時也，過此已後同於下趣，非上食時，故曰非時也。十誦律云：唯天得過中食，無罪。」

〔四〕四天王所獻紺瑠璃鉢：即青色之石鉢。佛本行集經卷三二：「時四天王，各從四方，速疾共持四金鉢器，往詣佛所，（中略）將四金鉢奉上世尊，作如是言：『唯願世尊用此鉢器，受二商主麨酪蜜摶，愍我等故，我等長夜，當得大利、大樂、大安。』世尊不受，以出家人不合畜此。彼四天王，捨四金鉢，將四銀鉢奉上世尊，作如是言：『世尊，可於此器受食，略説乃至，爲我當得大利大安。』世尊不受。如是更將四頗梨鉢，而亦不受。如是更將四琉璃鉢，而亦不受。如是更將四赤珠鉢，而亦不受。次復更將四瑪瑙鉢，而亦不受。次復更將四硨磲鉢奉上世尊，如來亦復不爲其受。爾時，北方毘沙門王，告於諸餘三天王言：『我念往昔，青色諸天，將四石器，來奉我等，白我等言：「此石器内，仁等可用受食而喫。」爾時，別有一天子，名毘盧遮那，白我等言：「（中略）宜將此四石鉢，奉彼如來。」仁等天王，今是時至，可將石鉢持奉世尊。』」

〔五〕大唐西域記卷六：「室羅伐悉底國，週六千餘里。都城荒頓，疆場無紀。宮城故基週二十餘里，雖多荒圮，尚有居人。」是其方圓爲六千餘里，故稱「處廣」。金剛經纂要刊定記卷三謂：「準西域記，國周六十餘里，内城周二十里，故云處廣。智度論云：居家九億，故曰人多。」金剛經宗通承其説，各版本皆作「六十餘里」，誤。

〔六〕大智度論卷三初品中住王舍城釋論第五：「舍婆提城九億家。」

〔七〕説本金剛經纂要刊定記卷三：「應先難云：『前引纓絡女經言（佛）不食，今經何以言食？』故此釋也。有説：『食欲至口，有威德天在側，隱形接至他方，施作佛事，斯則示現而食，非真食也。』由是彼此皆不相違。」

〔八〕此偈源自宋宗鏡述銷釋金剛科儀會要註解卷三，不見於他處。智者即智顗（五三八—五九七），陳、隋時高僧，天台宗實際開創者。字德安，俗姓陳。事跡見道宣續高僧傳卷十七智顗傳。主要著作有法華玄義、法華文句、摩訶止觀各二十卷，合稱天台三大部。

〔九〕見景德傳燈録卷一四行思禪師第三世荊州天皇道悟禪師法嗣澧州龍潭崇信禪師則。

〔一〇〕見萬松老人評唱天童覺和尚頌古從容庵録卷三。

時，長老須菩提在大衆中，即從座起，偏袒右肩，右膝著地，合掌恭敬而白佛言："希有世尊，如來善護念諸菩薩，善付囑諸菩薩。世尊，善男子、善女人，發阿耨多羅三藐三菩提心，應云何住？云何降伏其心？"佛言："善哉，善哉，須菩提，如汝所説，如來善護念諸菩薩，善付囑諸菩薩。汝今諦聽，當爲汝説：善男子、善女人，發阿耨多羅三藐三菩提心，應如是住，如是降伏其心。""唯然，世尊，願樂欲聞。"

通曰：須菩提本東方青龍陀佛，現聲聞身，入釋迦會，多生解空，但證偏空。及聞寶明空海，始證空而不空。是大阿羅漢，住於八地，居是不動地者，名住地菩薩。向後九地、十地，説法度生，不住於住矣。須菩提於此設立問端，爲諸菩薩破除疑執。

諸菩薩發無上菩提心，自初地以來，趣寂之意多，唯求進於住地。既現法樂住已，十方諸佛又咄之云：「起起！善男子，當度衆生。」回智向悲，轉靜向動，中間寧無生心動念之處？若不降伏其心，則有違於住矣。若一向耽著於住，則有違於度生矣。於度生之中，降伏其心，不失住意，雖動亦靜也，故問「應云何住，云何降伏其心」。所云住者，非住於相，如凡夫所住；亦非住於空，如二乘所住。乃真如實際，非假非空，住於中道諦也。所云降伏其心者，非按伏六識，如凡夫所修；亦非斷滅七識，如二乘所修。乃八識心田微細習氣，以真如熏之，令轉識成智，譬降賊衆，爲我良民，故曰降伏也〔一〕。此如阿難「不歷僧祇獲法身，希更審除微細惑」〔二〕，非須菩提莫能究竟，詎可輕談乎哉？

刊定記曰：「時長老」至「付囑諸菩薩」，整像讚佛也。德高曰長，年多曰老。須菩提，此云空生，又云善現。從座起者，師資之道，尊卑分殊，欲有諮詢，不可坐問。偏袒右肩，右膝著地，合掌冥心，皆恭敬也。亦可配於三業：座起、袒肩、合掌等，身業也；恭敬，即意業也；白佛言下，即口業也。

希有具四種義，一時希有，二處希有，三德希有，四事希有。世尊者，十號之一，能永蠲夷四魔畏故。如來者，三無數劫，福智圓滿，如是而來，亦云從真如起，來成正覺，而化衆生。護念有二，爲攝受根熟者，令悟真實，成就自利行；又令轉化無量衆生，成就利他行。付囑亦有二，哀彼根未熟者，已生佛法住，令之增長，未生勝法，付之令生；將小菩薩付大菩薩，囑大菩薩化小菩薩，如父母遺囑子孫也。彌勒菩薩偈曰「巧護義應知，加彼身同行」，即加被菩薩自利利他之行也。「不退得未得，是名善付囑」，即已得不退者令彼增長，未得不退者令生勝心之謂也〔三〕。

梵語菩薩，此云覺有情。約境而論，所求是覺，所度是有情也。「善男子」以下，正發問端也。阿耨多羅三藐三菩提心，此云無上正偏正覺，謂以正智覺真諦，如理而知，則非凡夫之邪覺，以偏智覺俗諦，如事而知，則非二乘之偏覺。準智度論，從因至果，有五種菩提。一發心菩提，即十信是。二伏心菩提，即三賢是。三明心菩提，即初地至七地是。四出到菩提，八、九、十地是。五無上菩提，即如來地〔四〕。今約能發心，即當第一。約所發，即第五。能所合論，貫通初後也。

應云何住者，未發心時，住六塵境，既發心已，誠宜改轍，則當住何境界？云何降伏其心者，未發心時，妄心起即逐妄，既發心已，不可隨之，則當何以降伏？故佛答意，昔住六塵之境，今住四心。昔時著相，今不著相。如是真實修行，發菩提心，豈忘失耶？

佛言「善哉，善哉」，是讚也。「如汝所説」，是印也。護念付囑，能令佛種不斷，是事必然。空生發言，言當其事，是故調御印讚之也。「汝今諦聽」，勑聽也。「當爲汝説」，許説也。諦謂審實之義，意令審諦真實，用心聽也。善男子等，標也。應如是等，勸也。標勸之意，意在欲説，即懸指向下正答之文，以安住之中，即有降伏，若不能降伏妄心，必不能安住大乘也，當爲汝如是如是委細而説。

「唯然」二句，善現佇聞也。唯、諾，皆順從之詞。華嚴十地品云：「如渴思冷水，如飢思美食。如病思良藥，如衆蜂依蜜。我等亦如是，願聞甘露法。」〔五〕蜂採百花以成蜜，人集萬行以證真。蜂成蜜已，依蜜而活。人證真已，依真而住。今願聞之相，亦如是也。

障蔽魔王領諸眷屬，一千年隨金剛齊菩薩，覓起處不得。忽一日得見，乃問曰：「汝當依何而住？我一千年覓汝起處不得。」齊曰：「我不依有住而住，不依無住而住，如是而住。」〔六〕善哉，善哉！若能如是而住，毋爲障蔽魔王所窺，斯真能降伏其心者矣。然則金剛齊菩薩云者，殆善於金剛般若之義，而因以得名者耶？

【箋注】

〔一〕此節以八識之理名凡夫、二乘、菩薩所修之不同。八識即眼、耳、鼻、舌、身、意、末那、阿賴耶。見入楞伽經卷八刹那品、成唯識論卷七。凡夫衹是按伏前六識，二乘則欲斷滅第七識，皆非根本。唯有自第八識入手，熏習調伏，方爲真正「降伏其心」。

〔二〕出自大佛頂如來密因修證了義諸菩薩萬行首楞嚴經卷三：「爾時，阿難及諸大衆，蒙佛如來微妙開示，身心蕩然，得無罣礙。是諸大衆，各各自知，心遍十方，見十方空，如觀掌中所持葉物，一切世間諸所有物，皆即菩提妙明元心，心精遍圓，含裹十方；反觀父母所生之身，猶彼十方虛空之中，吹一微塵，若存若亡，如湛巨海，流一浮漚，起滅無從。瞭然自知，獲本妙心，常住不滅。禮佛合掌，得未曾有，於如來前，説偈讚佛。」阿難於佛弟子中多聞第一，然不逮修習，反墮義解，故不免離摩登伽難。「微細惑」即指第八識之多劫熏習。

〔三〕見金剛般若波羅蜜經論卷上。論言：「云何加彼身同行？謂於菩薩身中與智慧力，令成就佛法故。又彼菩薩攝取衆生，與教化力，是名善護念應知。云何不退得未得？謂於得未得功德中，懼其退失，付授智者。又得不退者，不捨大乘故，未得不退者，於大乘中欲令勝進故，是名善付囑。」

〔四〕出自大智度論卷五十三。原文爲：「一者名發心菩提，於無量生死中發心，爲阿耨多羅三藐三菩提故，名爲菩提，此因中説果；二者名伏心菩提，折諸煩惱，降伏其心，行諸波羅蜜；三者名明心菩提，觀三世諸法本末，總相、别相，分别籌量，得諸法實相，畢竟清淨，所謂般若波羅蜜相；四者名出到菩提，於般若波羅蜜中得方便力故，亦不著般若波羅蜜，滅一切煩惱，見一切十方諸佛，得無生法忍，出三界，到薩婆若；五者名無上菩提，坐道場，斷煩惱習，得阿耨多羅三藐三菩提。」

〔五〕出自實叉難陀譯大方廣佛華嚴經卷三十四十地品第二十六之一。原文爲：「如渴思冷水，如飢念美食，如病憶良藥，如蜂貪好蜜；我等亦如是，願聞甘露法。」

〔六〕見景德傳燈録卷二十七諸方雜舉徵拈代别語，五燈會元卷二西天東土應化聖賢等。無準師範禪師語録卷二舉此公案並發揮曰：「不依有住而住，不依無住而住，誠實難見。徑山逐日與諸人同出同入，同起同坐，同鉢盂喫飯，諸人還知徑山起處麽？」

佛告須菩提：「諸菩薩摩訶薩，應如是降伏其心。所有一切衆生之類，若卵生，若胎生，若濕生，若化生，若有色，若無色，若有想，若無想，若非有想非無想，我皆令入無餘涅槃而滅度之。如是滅度無量無數無邊衆生，實無衆生得滅度者。何以故？須菩提，若菩薩有我相、人相、衆生相、壽者相，即非菩薩。

傅大士頌曰：「空生初請問，善逝應機酬。先答云何住，次教如是修。胎生卵濕化，咸令悲智收。若起衆生見，還同著相求。」

通曰：此正答所問也。問中安住、降伏并舉，今唯標降伏者何？蓋無上菩提，本無相狀，本離能所。發是心者，欲其常住，得無退失，最難爲力。緣微細無明，隱隱生發，稍起一念，即離本位，不得名住矣。若勉强防閑，不令生起，即落防閑，不得名住矣。若念念相應，住著不捨，又落住著，不得名住矣。唯真如自體，具足金剛慧，足以照破而降伏之。此經所重在般若智用，故以降伏爲綱宗。有此降伏之智，不但心不住時，能降伏之使住，即心得所住，亦能降伏之使無住。無住而住，是爲真住。故單言降伏，則安住自在其中。單言安住而闕降伏，則安住不成，所以獨標降伏也。降伏之用大矣。心狹小則欲其廣大，心卑劣則欲其最上，心喜愛則欲其平常，心顛倒則欲其正智。故發菩提心者，必具足此四種心，方與菩提相應，方得名爲覺有情也。

彌勒菩薩偈云：「廣大第一常，其心不顛倒。利益深心住，此乘功德滿。」此乃顯示菩薩果利益衆生四種相應之深心〔一〕，諸菩薩當安住於是也。

何謂廣大心？所有一切衆生之類，謂禀息風含情覺者，若卵生諸鳥等，胎生諸人等，濕生諸蟲等，化生諸天等，四生六道，各多族類，此諸衆生住於何處？若有色者，欲界及色界天所依止處也。若無色者，無色界空無邊處天所依止處也，此復幾種。若有想者，識無邊處天起空想者是也。若無想者，無所有處天離少想者是也。若非有想非無想者，即有頂非非想天無麤想有細想者是也。三界衆生，此皆攝盡，如是一切，皆我所度，其心何廣大也！

何謂第一心？度衆生非難，度衆生入於涅槃爲難；度衆生入涅槃非難，度衆生皆入無餘涅槃爲難。涅槃有四種，一自性涅槃，凡聖同有；二有餘依涅槃，即二乘出煩惱障，有苦依身故；三無餘依涅槃，即二乘灰身滅智，身出生死，苦無依故；四無住處涅槃，悲智相兼，不住菩薩變易生死，不住二乘灰斷涅槃，乃真無住處。前三爲有餘，後一爲無餘，即佛境界。以此度脱衆生，意欲盡三界所有九類衆生，有性無性，齊成佛道，是最上第一心也。

何謂常心？一切衆生及與己身，真如平等，無別異故。如是滅度無量衆生皆入無餘涅槃，實無衆生得滅度者。淨名云：「一切衆生即寂滅相，不復更滅。」〔二〕若見衆生有可度者，便是喜愛心，愛有去來，即不能常。唯能攝愛，度與不度，其心不二，故名爲常也。衆生滅度，無異自身，寧於自身起於他想？設若見一衆生是我所度，此何過耶？以迷於第一義，起我相、人相、衆生相、壽者相，背覺合塵，是名顛倒。顛倒見者，所謂凡夫，即不名菩薩。若證真實第一義者，衆生等想決定不生，如預流〔三〕人不起身見。既無自相，即無他相，自他平等，一切衆生皆不可得。志公云：「以我身空諸法空，千品萬類悉皆同。」〔四〕即此謂也。

正智與爾炎〔五〕不同。爾炎，此云所知障。有所知障，即名顛倒，無所知障，即名正智，爲正智無分别心，而爾炎有分别心也。如上四相，證悟了覺，正是爾炎識所在。見有涅槃可證，即是我相。悟知所證之非，即是人相。了達證悟當離，即是衆生相。存有所了之覺，即是壽者相。此四相原與圓覺經無二，所謂「審除微細惑」者，正指此也。菩薩已發心又能度生者，方可謂之摩訶薩，是大菩薩有一分生相無明，不捨衆生。此中「實無衆生得滅度者」一語，正其降伏之要也。若見有一衆生得滅度者，即著於證悟了覺之相，即非正智，故當降伏。降伏四相，即得自安住於無餘涅槃，亦能令衆生安住於無餘涅槃。處於生死，不爲生死所轉，故曰無上涅槃。處於煩惱，不爲煩惱所轉，故曰無上菩提。此二轉依，乃圓滿果位，住於佛地者也，故曰「此乘功德滿」，非般若智爲之因，能有是乎？

史山人問圭峰禪師曰：「諸經皆説度脱衆生，且衆生即非衆生，何故更勞度脱？」答云：「衆生若是實，度之則爲勞。既自云即非衆生，何不例度而無度。」又問：「諸經説佛常住，或即説入滅度。常即不滅，滅即非常，豈不相違？」答云：「離一切相，即名諸佛，何有出世入滅之實乎？見出没者，在乎機緣。機緣應，則菩提樹下而出現；機緣盡，則娑羅林間而涅槃。其猶淨水無心，無像不現。像非我有，蓋外質之去來，相非佛身，豈如來之出没？」〔六〕此二問答，足剖析此篇甚深義矣。龐居士嘗遊講肆，隨喜金剛經。至「無我無人」處，致問曰：「座主，既無我無人，是誰講誰聽？」主無對。士曰：「某甲雖是俗人，麤知信向。」主曰：「祇如居士意作麽生？」士以偈答曰：「無我復無人，作麽有疏親？勸君休歷座，不似直求真。金剛般若性，外絶一纖塵。我聞并信受，總是假名陳。」主聞偈，欣然仰歎〔七〕。若居士者，其菩薩再來哉？

【箋注】

〔一〕菩薩果利益衆生四種相應之深心：此取自功德施菩薩造金剛般若波羅蜜經破取著不壞假名論卷上：「此中顯示菩薩果四種利益相應之心。何者爲四？一無邊，二最上，三愛攝，四正智。」此後之解釋亦主要參照此論。

〔二〕語見維摩詰所説經卷四菩薩品：「若彌勒得滅度者，一切衆生亦當滅度。所以者何？諸佛知一切衆生畢竟寂滅，即涅槃相，不復更滅。」參看金剛經纂要刊定記卷二：「此即淨名經文。彼云『若彌勒得授記者，一切衆生亦應授記。何以故？一切衆生即寂滅相，不復更滅』等。」

〔三〕預流：音譯爲須陀洹、窣路多阿半那，舊譯入流，又譯爲逆流。小乘聲聞四果之第一果，意指預入無漏聖道之果位。

〔四〕出自宗密撰大方廣圓覺修多羅了義經略疏卷上：「一身清淨故，多身清淨。既於自身證實相理，亦見一切衆生同一清淨實相，以觀一切衆生不取於相，同圓覺性故。志公云：『以我身空諸法空，千品萬類悉皆同。』又下文云：『圓覺普照，寂滅無二，始知衆生本來成佛。』」

〔五〕爾炎，梵語音譯，亦譯爲爾焰，意譯爲所知、境界、智母、智境等，爲能生智慧之境界。大乘佛教則令人警惕此爾炎之智。求那跋陀羅譯楞伽阿跋多羅寶經卷三：「老小諸根冥，而智慧不生，而實有爾炎，是亦説邪智。」

〔六〕見景德傳燈録卷十三圭峰宗密禪師答史山人十問。又載五燈會元卷二。

〔七〕見龐居士語録卷上。又載佛果圜悟禪師碧巖録卷十第九十七則，五燈會元卷三襄州居士龐藴。

「復次，須菩提。菩薩於法，應無所住行於布施，所謂不住色布施，不住聲、香、味、觸、法布施。須菩提，菩薩應如是布施，不住於相。何以故？若菩薩不住相布施，其福德不可思量。須菩提，於意云何？東方虛空可思量不？」「不也，世尊。」「須菩提，南西北方四維上下虛空可思量不？」「不也，世尊。」「須菩提，菩薩無住相布施，福德亦復如是不可思量。須菩提，菩薩但應如所教住。」

傅大士頌曰：「若論無相施，功德極難量。行悲濟貧乏，果報不須望。凡夫情行劣，初且略稱揚。欲知檀狀貌，如空徧十方。」

通曰：菩薩利益衆生，須行六度萬行。六度之中，般若居其一。修般若是法身因，修餘五度是報化因。如上降伏微細四相，但於理諦上降伏，此下修行六度，教以事諦上降伏。修福不修慧，則法身不圓。修慧不修福，則報化不圓。故般若常爲五度之先導，五度不得般若，即不名到彼岸。前云廣大心、第一心、常心、不顛倒心，四者具足，即名降伏。既能降伏，即能離相。既能離相，即能行於不住施也。故修行即下所顯示六波羅蜜相應安住降伏是也。何謂相應？但行施、戒等，不能離相；或能離相，不行施、戒等，皆非相應。直於行施、戒等處離相，離相處行施、戒等，方得名爲相應行也，故謂菩薩於佛法中不應住於事相而行布施。

施有三種，義該六度。一者資生施，二者無畏施，三者法施。資生施者，施以財物，資他生也。無畏施者，由持戒、忍辱故，無心害物，設有冤家，亦不讐報，不生怖畏也。法施者，由精進故，於諸善事，心不懈退；由禪定故，如鑒止水，善知彼情；由智慧故，如理如事，不顛倒而説法也。彌勒菩薩偈曰：「檀義攝於六，資生無畏法。此中一二三，名爲修行住。」〔二〕一即資生，二即無畏，三即法也。

云何不住於相？謂不住於色、聲、香、味、觸、法等，不希求意外諸境而行布施。

一謂愛著現在自身故而行施〔二〕，二爲報他過去之恩故而行施，三爲希望未來富饒果報故而行施。此令一切皆遣，不論心境空有，起心動念，即乖法體。直須施時其心平等，不見施物、施者、受者，方成無住也。彌勒菩薩偈曰：「自身及報恩，果報斯不著。護存己不施，防求於異事。」〔三〕爲自身故，即有存己不施之過。爲報恩、果報故，即有求於異事之過。不住色等，但舉六塵一科，若盡舉，自五陰、六根、十八界、十二因緣、四聖諦，及三十七助道品，至菩提涅槃等，凡八十一科〔四〕，俱應無所住。如是修行六波羅蜜，因得清淨，故曰菩薩應如是布施，不住於相。謂菩薩於第一義中，施者、受者及以施物，名義智境，諸想不生，是即伏心因以清淨。

或有難云：「既於施等離其相狀，如何當獲福德利益？」爲答此故，説生福甚多。彼菩薩不離世諦，故行於布施，不離第一義諦，故不住於相。不住於相，即是降伏。布施清淨，即是安住。兼福修慧，慧不偏枯。兼慧修福，福難比量。譬如東西南北四維上下十方虛空，偏一切處，高大殊勝，究竟不窮，非思量所及。而菩薩修因清淨，無相可得，其感果報，福德難思，亦猶乎是。福足慧足，名兩足尊，是極果也，故曰「此乘功德滿」。於是結勸之曰：「菩薩但應如所教住。」魏譯云：「但應如是行於布施。」

據須菩提問處應云何住，惟恐不得其住。而世尊教之行於布施，不住於相，令於不住，用心何相反也？蓋不住而住，即住真空。如鳥不住空，卻能住空，若住於空，即不住空也。文殊般若經云：「佛告文殊師利：『當云何住般若波羅蜜？』文殊言：『以不住法，爲住般若波羅蜜。』復問：『云何不住法，名住般若波羅蜜？』文殊言：『以無住相，即住般若波羅蜜。』」〔五〕三昧經云：「如來所説法，悉從於無住。我從無住處，是處禮如來。」〔六〕故菩薩當如其所教，以無住爲住可也。

昔洞山問僧：「甚處來？」曰：「遊山來。」山曰：「還到頂麼？」曰：「到。」山曰：「頂上有人麼？」曰：「無人。」山曰：「恁麼則不到頂也。」曰：「若不到頂，爭知無人？」山曰：「何不且住？」曰：「某甲不辭住，西天有人不肯。」山曰：「我從來疑著這漢。」〔七〕天童舉趙州云：「有佛處不得住，無佛處急走過。」拈云：「沈空滯迹，犯手傷鋒，俱未是衲僧去就。直須莫入人行市，莫坐他牀榻。正不立玄，偏不附物，方能把住放行，有自由分。」〔八〕此二尊宿，深明無住之旨。乃知曹洞無上真宗，二邊不立，中道不安，是般若真血脈路。

已上正答竟，此下躡跡斷疑。

通曰：已上問答，遣須菩提之微疑，顯如來之正脈。普度衆生，攝歸於如來藏海；修行無相，玄同於諸佛法身。泯智障於佛地，等法界於虛空。涅槃住而無住，諸法爲而無爲。福德威力，一切成就，便合經終入流通分。緣善現所問，以趨寂違度生，以度生違趨寂，情生分別，兩不圓融。世尊建大法幢，與之決破，謂度而無度，何礙於寂？寂而無寂，何妨於度？要令調伏、布施等事，遠離取相之心，無住而住，即是常住。此中微妙，尤難曉了。念而無念，相而無相，說而無說，證而無證，種種相違，能無疑乎？前疑既息，後疑復生，疑心不息，即非降伏。若謂無疑，執著安住，即是成心，成心不除，住非所住。故種種調伏，凡以斷微細之疑也。此經但言其斷，不言其起。其起處至微，難以言顯，唯世尊佛眼，一一照燭，不待其問，而默爲斷之。此等金剛慧，豈凡情所可測耶？

彌勒菩薩偈曰：「調伏彼事中，遠離取相心。及斷種種疑，亦防生成心。」〔九〕此偈授之無著，無著轉授之天親。無著於此經分爲十八住，天親於此經分爲二十七斷疑。或一住中有兩疑三疑，或一疑中有三住四住，其論各不同，何哉？無著以第一住配十住發心等位，第二住配十行位中前六行位，第三住配七行位，第四住配八行、九行、十行位，第五住至第十四住配十迴向位，第十五住配四加行位，第十六住當世第一地，第十七住當初地，第十八住從二地已去，乃至佛位，通名如來地。是經以無相爲宗，豈合列位淺深？雖則情惑漸薄，位地轉高，義相稍同，略爲配攝，未嘗不可，然牽合他經，滯於名相，而甚深義趣，反爲所掩。此天親所以特主斷疑，遵彌勒旨也，後來受持是經者，宜共遵之〔一〇〕。

【箋注】

〔一〕見金剛般若波羅蜜經論卷上。參看金剛經纂要刊定記卷一之解釋：「檀含萬行者，梵音檀那，此云布施，含謂含攝萬行，即菩薩所行之行不唯於萬，今舉大數耳。以布施含於三施，三施該於六度，六度包於萬行，以本望末故，曰檀含萬行也。所以佛答修行，唯言布施。」

〔二〕底本作「一謂愛著現在自身故而不行施」，據文意，「不」字顯爲衍文，今刪去。

〔三〕見金剛般若波羅蜜經論卷上。參看宗密疏、大瓊科會金剛經疏記科會卷四：「報恩，酬過去之恩。果報，望未來之報。自身不施，義當現在，護亦防也。意令於此三世事中防護，悉皆不著，即是不住色等亦施也。」

〔四〕八十一科：大藏一覽卷三所録之般若名相包括：五藴、六根、六塵、六識、六觸、六緣所生、四緣、六大、十二因緣、六度、我者、生者、壽者、命者、有情者、養育者、衆數者、作者、使作者、起者、使起者、受者、使受者、見者、知者、二十空、四諦、真如、法界、法性、不虚妄性、不變易性、平等性、離生性、法定、法住、實際、虚空界、不思議界、四靜慮、四無量、四無色定、八解脱、八勝處、九次第定、四念處、四正勤、十徧處、四神足、五根、五力、七覺支、八聖道支、空解脱門、無相解脱門、無願解脱門、菩薩十地、五眼、六通、十力、四無畏、四無礙解、大慈、大悲、大喜、大捨、十八不共法、無忘失法、恒住捨性、一切智、道相智、一切相智、一切陀羅尼門、一切三摩地門、預流果、一來果、不還果、阿羅漢果、獨覺菩提、一切菩薩摩訶薩行、諸佛無上正等菩提，共八十一科。

〔五〕見曼陀羅仙譯文殊師利所説摩訶般若波羅蜜經卷上。

〔六〕見金剛三昧經如來藏品第七：「我今聞佛説，知法非二見，亦不依中住，故從無住取。如來所説法，悉從於無住，我從無住處，是處禮如來。」

〔七〕見郭凝之編瑞州洞山良价禪師語録。又載五燈會元卷十三瑞州洞山良价悟本禪師。

〔八〕見宏智禪師廣録卷三真州長蘆覺和尚拈古。亦收入萬松老人評唱天童覺和尚拈古請益録第二十三則趙州有無。

〔九〕見金剛般若波羅蜜經論卷上。參看金剛經纂要刊定記卷四：「躡跡斷疑者，謂躡前語跡，斷彼疑情。經中雖不顯有疑辭，而伏在文内，故但言斷而不言起。彌勒頌中亦同於此。」

金剛般若波羅蜜經宗通卷二

一斷求佛行施住相疑

此疑從前文不住相布施而來。功德施菩薩論曰：「若菩薩施時法亦不住，云何以相好故行於施耶？百福相等功德法聚，名爲世尊，若不住法，云何得成諸佛體相？」爲遣此疑，故經云：

「須菩提，於意云何？可以身相見如來不？」「不也，世尊，不可以身相得見如來。何以故？如來所說身相，即非身相。」佛告須菩提：「凡所有相，皆是虚妄，若見諸相非相，即見如來。」

傅大士頌曰：「如來舉身相，爲順世間情。恐人生斷見，權且立虚名。假言三十二，八十也虚聲。有身非覺體，無相乃真形。」

通曰：法身如來者，來而未嘗來也，故曰如來。凡夫見其來，執之爲有相，恒住於有以爲修因；二乘見其不來，執之爲無相，恒住於無以爲修因；菩薩已知報化非有，離凡夫見，已知法身非無，離二乘見，但趣向佛乘，猶存法愛。今聞六度修行之時，自六塵以至菩提涅槃，一切諸法不應住著，將何所持循而證法身耶？佛以法身若即相者，則即相可以見如來，法身若離相者，則離相可以見如來，即之不可，離之不可，故不應住於法而證法身也。不即則見其未嘗來，不離則見其未嘗不來，故曰即見如來。三諦圓融，因果一契，方與無上菩提相應也。

刋定記曰：佛問須菩提：「於汝意中，還可用三十二相〔一〕之身見法身如來，爲不可耶？」空生見佛舉相以問，即知不得相求，故答云：「不也，不可以三十二相得見如來。」恐末代衆生不達此理，取相爲真，故復自徵其意云：「以何義故，不可以三十二相見法身如來耶？以如來所説三十二相之身，即非法身之相故。以三十二相者，由多劫修行成就，墮在有爲之數，當爲生、住、異、滅四相所遷，況對機宜，有無不定，焉可將此而爲法身？若法身佛體者，非前際生，非後際滅，無有變遷，不可破壞，異此有爲，故説三十二相不是法身相也。」

彌勒菩薩偈曰：「分別有爲體，防彼成就得。三相異體故，離彼是如來。」〔二〕三相即四相，以住異同時，故合爲一耳。此須菩提所見，已知法身無相，猶未明法身不離乎相也。故佛印可之曰：「凡所有相，皆是虛妄。」一切有爲之相，皆從妄念而生，妄念本空，無有自性，念尚無性，況所現相而實有耶？不但三十二相如幻不實，凡世出世間一切聖凡等相皆非實也。相既非實，非相即實，將無離此虛妄之相，別求無相之佛耶？故又遮之曰：「若見諸相非相，即見如來。」所謂法身無相，非離諸相外別有法身也，以色即是空，空即是色故。但亡分別，相自不生，相既不生，唯一真實。此真實者，即寓於虛妄之中，即真即妄，即妄即真。人但見其相，我見其非相。如相馬者，得之牝牡驪黃之外〔三〕，即見真如自性法身如來也。

寶積如來解曰：如來真身本無生滅，湛然常住，託陰受形，同凡演化，入神母胎。擐〔四〕此凡相各別，故云如見諸相非相，即見如來。頌曰：「凡相滅時性不滅，真如覺體離塵埃。了悟斷常根果別，此名佛眼見如來。」不但三十二相，相即非相，是名如來，凡世出世間一切諸相，相皆無相，無非真如無爲法體，一真平等，無二無別，總法界性爲一法身。如是見者，由證乃知，故不以虚妄之相見如來，而以微妙之相見如來也。法身既不可以相見，亦不可以離相見，則求佛者，固不可以執相求，亦不可以離相求。果本無住，因亦無住，若能遠離衆生希望，不住於有，乃至法身，亦無所得，不住於無。恒如是行，不住於相，即於佛身速得成滿，又何疑於因果不相符耶？

天童舉：「經云：若見諸相非相，即見如來。法眼云：若見諸相非相，即不見如來。」拈云：「世尊説如來禪，法眼説祖師禪。會得甚奇特，不會也相許。」萬松自讚其像云：「凡所有相，皆是虚妄。若見諸相非相，即見眉毛眼上，不費半星氣力，向釋迦、法眼分疆列界處，方便講和，一統天下，豈非好事？天童如來禪、祖師禪，更不敢妄生分別。會得奇特且置，既不會，爲甚也相許？不見道：『打破大唐國，覓箇不會底不得。』」〔五〕以上諸尊宿，發明諸相非相一種消息，不妨各出手眼，非覿面如來，固不能操縱如此。

【箋注】

〔一〕三十二相：本係佛經根據轉輪聖王之相，謂佛之應化身亦具足之三十二種殊勝容貌與微妙形相。不同經典說法各有不同，兹據瑜伽師地論卷四十九所說：「云何如來三十二種大丈夫相？一者、具大丈夫足善安住等案地相，是大丈夫大丈夫相。二者、於雙足下，現千輻輪，轂輞衆相，無不圓滿。三者、具大丈夫纖長指相。四者、足跟趺長。五者、手足細軟。六者、手足網縵。七者、立手摩膝。八者、毉泥耶踹。九者、身不僂曲。十者、勢峰藏密。十一者、身相圓滿，如諾瞿陀。十二者、常光一尋。十三者、身毛上分。十四者、身諸毛孔，一一毛生，如紺青色，螺文右旋。十五者、身皮金色。十六者、身皮細滑，塵垢不著。十七者、於其身上，兩手、兩足、兩肩、及項，七處皆滿。十八者、其身上半，如師子王。十九者、肩善圓滿。二十者、髆間充實。二十一者、身分洪直。二十二者、具四十齒，皆悉齊平。二十三者、其齒無隙。二十四者、其齒鮮白。二十五者、頷如師子。二十六者、其舌廣薄，若從口出，普覆面輪，及髮邊際。二十七者、於諸味中，得最上味。二十八者、得大梵音，言詞哀雅，能悦衆意，譬若羯羅頻迦之音。其聲雷震，猶如天鼓。二十九者、其目紺青。三十者、睫如牛王。三十一者、其頂上現烏瑟膩沙。三十二者、眉間毫相，其色光白，螺文右旋，是大丈夫大丈夫相。」

〔二〕見金剛般若波羅蜜經論卷上，釋曰：「此義云何？若分別有爲體，是如來以有爲相爲第一，以相成就見如來，爲防彼相成就得如來身。」

〔三〕出自列子説符：「秦穆公謂伯樂曰：『子之年長矣，子姓有可使求馬者乎？』伯樂對曰：『良馬可形容筋骨相也。天下之馬者，若滅若没，若亡若失，若此者絶塵弭轍。臣之子皆下才也，可告以良馬，不可告以天下之馬也。』（中略）若皋之所觀，天機也，得其精而忘其粗，在其内而忘其外；見其所見，不見其所不見；視其所視，而遺其所不視。若皋之相者，乃有貴乎馬者也。」張有譽靈瑞禪師巖花集叙：「讀靈瑞大師語，足可隳情城，裂見網，龍種飛騰，原出牝牡驪黄之外，若執常經以相皮毛，是知駑駘而不識騏驥，未可與語鞭風策電之機也。」

〔四〕擐：穿着。以穿衣爲喻，謂法身有常，報化身無常。

〔五〕見宏智禪師廣録卷三真州長蘆覺和尚拈古，萬松老人評唱天童覺和尚拈古請益録第十五則法眼如來。「打破大唐國，覓箇不會底不得」公案見五燈會元卷十一魏府興化存獎禪師：「師在臨濟爲侍者，洛浦來參。濟問：『甚處來？』浦曰：『鑾城來。』濟曰：『有事相借問，得麽？』浦曰：『新戒不會。』濟曰：『打破大唐國，覓箇不會底人也無。』」

二斷因果俱深無信疑

此疑從前無住行施、非相見佛兩段經文而來。無住行施，因深也。無相見佛，果深也。如我親承，方能領悟。末世鈍根，云何信受？既不信受，將無空説耶？

須菩提白佛言：「世尊，頗有衆生，得聞如是言説章句，生實信不？」佛告須菩提：「莫作是説，如來滅後，後五百歲，有持戒修福者，於此章句能生信心，以此爲實。

傅大士頌曰：「因深果亦深，理密奧難尋。當來末法世，唯恐法將沈。空生情未達，聞義恐難任。如能信此法，定是覺人心。」

「當知是人，不於一佛二佛三四五佛而種善根，已於無量千萬佛所種諸善根。聞是章句，乃至一念生淨信者，須菩提，如來悉知悉見，是諸衆生得如是無量福德。

傅大士頌曰：「信根生一念，諸佛盡能知。生因於此日，證果未來時。三大經多劫，六度久安施。熏成無漏種，方號不思議。」

「何以故？是諸衆生，無復我相、人相、衆生相、壽者相。無法相，亦無非法相。何以故？是諸衆生，若心取相，即爲著我人衆生壽者。若取法相，即著我人衆生壽者。何以

故？若取非法相，即著我人衆生壽者。

傅大士頌曰：「人空法亦空，二相本來同。徧計虚分别，依他礙不通。圓成沈識海，流轉若飄蓬。欲識無生處，心外斷行蹤。」

「是故不應取法，不應取非法。

傅大士頌曰：「有因名無號，無相有馳名。有無無别體，無有有無形。有無無自性，妄起有無情。有無如谷響，無著有無聲。」

「以是義故，如來常説：汝等比丘，知我説法如筏喻者，法尚應捨，何況非法。

傅大士頌曰：「渡河須用筏，到岸不須船。人法知無我，悟理詎勞筌。中流仍被溺，誰論在二邊。有無如取一，即被汙心田。」

通曰：此段經文，括盡一經旨趣，故傅大士頌之極詳。此經以無相爲體，無住爲宗。體無相不可以意想窺，用無住不可以執情度。古德云：「如太末蟲處處能泊，唯不能泊於火燄之上。衆生心處處能緣，獨不能緣於般若之上。」〔一〕此其所以爲甚深也。云何無相？謂無人我相，無法我相。云何無住？謂不住於相，不住於法，不住於非法。無相何以爲果？無住何以爲因？法身無爲，不墮諸數，本來無相。只爲心有所住，便於無相之體不得圓滿，所以攝有相歸無相者，在觀照智也。如象脇經説：「若出生死，證涅槃界，愛非愛果，法非法因，一切皆捨。」〔二〕雖正因正果，尚在所捨。此甚深般若，最爲難信之法也。

刊定記云：初善現聞此因果俱深章句，不勝慶幸。始者但知無相，而不知即相無相之深果。始者但知常住，而不知住而無住之深因。以佛世時，尚有難信此深法者。不知現在當來，能有衆生聞是章句生真實信心，以爲實有是事否耶？佛爲遣此疑，故訶勸之曰「莫作是説」。一切衆生皆有佛性，聞法生信，豈謂無人？如佛滅後，後五百歲，凡五箇五百，初五百中解脱牢固，二五百中禪定牢固，三五百中多聞牢固，四五百中塔寺牢固，後五百中鬬諍牢固。此則教力漸衰，正法將滅之時，有持戒修福者，戒定具足，能發慧覺，以此爲實，正解因果甚深義趣，而無顛倒之惑者矣。彌勒菩薩頌曰：「説因果深義，於後惡世時。不空以有實，菩薩三德備。」〔三〕

若無戒定慧三德，孰能以此爲實而生信耶？當知是人，於多佛所，久事善友，習聞正法，則緣勝也。種諸善根，三毒久伏，六度增長，則因勝也。因緣俱勝，方生實信。是知實信誠不易得，無論聞是章句，實信一切諸佛本來清淨，一切衆生盡成佛道，乃至一念淨信此經，是諸佛因，是諸佛果。如是信經之人，得福無量，猶如十方虛空，不可思量。彌勒菩薩偈曰：「修戒於過去，及種諸善根。戒具於諸佛，亦説功德滿。」〔四〕如來於彼，咸悉知見。凡夫知以比智，見以肉眼，故有不知不見。如來於見處即知，非比智知，知處即見，非同肉眼見，故無所不知，無所不見也。彌勒菩薩偈云：「佛非見果知，願智力現見。求供養恭敬，彼人不能説。」〔五〕得福有二，謂生得、取得。生者，正修福業，能生善因，即信解持説者也。取者，即今熏成種子，後感將來果報也。此諸供養恭敬，非比智知，非肉眼見，故曰彼人不能説。以何義故，信經之人得如是無量福德耶？是諸衆生，如是持説，如是熏修，無復我、人、衆生、壽者之相，已得人無我慧。無復執於有爲之法相，亦無執於無爲之非法相，得法無我慧。人法俱空，量等太虛，故其福德不可量也。

四相固云相矣，法與非法屬於分別，何以亦謂之相耶？爲其所分別者，不離我、我所相，起法、非法想，非於無我土木等生分別也。彌勒菩薩偈曰：「彼壽者及法，遠離於取相。亦説知彼相，依八八義別。」〔六〕人我四相，法我四相，共成八義，略有淺深。般若能知八義，遠離於相，即謂具慧。如執自五藴種種差別爲我，計諸藴既謝，復取諸趣爲人，計諸藴流轉相續不斷爲衆生，計一生命根常住爲壽者，此凡夫所著有爲麤相也。彌勒菩薩偈曰：「差別相續體，不斷至命住。復趣於異道，是我相四種。」〔七〕此之謂也。若除四相，即於相除之可也，何爲復不住於法、非法耶？若心取於色相者，貪戀五塵之境，以是爲因，即著諸藴幻質四相。若心取有爲之法，離境求心，以是爲因，即著正悟了覺四相。比例而觀，若心取無爲之法，諸法皆空，以是爲因，即著於捨藏法執四相，其可謂之無相法身乎？彌勒菩薩偈曰：「一切空無物，實有不可説。依言詞而説，是法相四種。」〔八〕蓋指此也。一切空者，即人空、法空見也。人法俱空，都無分別，即實有不可説也。雖不可説，不是頑空，但依世諦言詞而説，即是中道諦也。於此有著有住，不離偏計依他二執，而圓成實性沈於識海，不能證於無相之果。是故修無上菩提正因者，不應取法，不住於生死法也；不應取非法，不住於涅槃法也。二邊不住，即歸中道，究竟中道，亦不應住著也。彌勒菩薩偈曰：「彼人生信心，恭敬生實相。聞聲不正取，正説如是取。」〔九〕此何義耶？謂於般若一念生淨信者，不如言取義，隨順第一義智，以無住爲義故。

「如來常説，汝等比丘，知我説法如筏喻者」，如欲濟川，先應取筏，至彼岸已，即應捨去。欲度煩惱大流，應修一切善法，既登涅槃岸已，法亦應捨。善法尚不應取，以實相無相故，何況不善非法，離於實相外者耶？以上有無諸法，皆非法也，故不應取。彌勒菩薩偈曰：「彼不住隨順，於法中證智。如人捨船筏，法中義亦然。」〔一〇〕彼證智者，本不住於隨順相應法中，而未證者，必於隨順相應法中而證智，如筏可憑也，亦可捨也。然則文字般若，何爲亦應捨耶？爲除信經者微細執故，前以信心清淨，得福無量，非不正因正果，若細執不除，終爲聖道之障。故能於經而離經，於法而離法，但除其病，而不除其體，斯善乎甚深般若之旨矣。

僧問同安：「依經解義，三世佛冤。離經一字，即同魔説，此理如何？」安云：「孤峰迥秀，不挂煙蘿。片月横空，白雲自異。」丹霞頌云：「雲自高飛水自流，海天空闊漾虚舟。夜深不向蘆灣宿，迥出中間與兩頭。」〔一一〕只此「迥出中間與兩頭」一語，括盡般若甚深義。傅大士頌謂「中流仍被溺」，正謂般若亦應捨也，深哉！

【箋注】

〔一〕見惠洪林間録卷下：「大智禪師曰：『聖體無名不可説，如實理空門難湊。喻如太末蟲處處能泊，唯不能泊火焰之上。衆生亦爾，處處能緣，不能緣於般若之上。每見學者多悮領其意，謂衆生於般若不能參求耳。非也，此法非情識所到，故三祖大師曰：非思量處，識情難測。』」

〔二〕見金剛般若波羅蜜經破取著不壞假名論卷上：「是故經言：以是義故，如來常説如筏喻者，法尚應捨，何況非法。此義云何？如欲濟川，先應取筏，至彼岸已，捨而去之。世尊亦爾，欲度苦流，假資糧筏，超一切果，登涅槃岸。樂因尚離，何況苦因。如象脅經説：『若出生死，證涅槃界，愛非愛果，法非法因，一切皆捨。』」

〔三〕見金剛般若波羅蜜經論卷上。

〔四〕見金剛般若波羅蜜經論卷上，釋曰：「彼惡世時，菩薩具足持戒功德智慧故，能生信心，以此義故名不空説。」

〔五〕見金剛般若波羅蜜經論卷上，釋曰：「若有人欲得供養恭敬，自歎有持戒等功德，彼人則不能説，是人自知故。諸佛如來善知彼何等人、有何等行，是故彼人不能自説。」

〔六〕見金剛般若波羅蜜經論卷上，釋曰：「此義云何？復説般若義不斷故。説何等義？明彼菩薩離於壽者相、離於法相故，以對彼相，故説此義。」

〔七〕見金剛般若波羅蜜經論卷上，釋曰：「此義云何？明壽者相義故。何者是四種？一者我相，二者衆生相，三者命相，四者壽者相。我相者，見五陰差別，一一陰是我，如是妄取，是名我相。衆生相者，見身相續不斷，是名衆生相。命相者，一報命根不斷住故，是名命相。壽者相者，命根斷滅，復生六道，是名壽者相。」

〔八〕見金剛般若波羅蜜經論卷上。

〔九〕見金剛般若波羅蜜經論卷上，釋曰：「此義云何？彼人有持戒功德，依信心恭敬，能生實相，是以説彼義故。（中略）不應取法，非不取法。不應取法者，不應如聲取法。非不取法者，隨順第一義智，正説如是取。」

〔一〇〕見金剛般若波羅蜜經論卷上，釋曰：「此義云何？示修多羅等法中證智不住故。以得證智捨法故，如到彼岸捨栰故。隨順者，隨順彼證智法。彼法應取，如人未到彼岸取栰故。」

〔一一〕見五燈會元卷十三洪州鳳棲山同安丕禪師：「問：『依經解義，三世佛冤，離經一字，即同魔説，此理如何？』師曰：『孤峰迥秀，不掛煙蘿。片月行空，白雲自在。』」丹霞頌見林泉老人評唱丹霞淳禪師頌古虚堂集卷五第六十九則依經解義。評唱曰：「雲本無心出岫，高飛遠颺而普廕群萌；水非有意興波，駕險乘虚而令達彼岸。既恁海天空闊，獨漾虚舟，當從花藏優遊，頓抛浮世。休愁魔説，莫結佛寃。不即不離兮，性本如如；無增無減兮，情非逸逸。運慈航於島嶼，撥短棹於蘆灣。既能不涉春秋，爭肯經停宿夜？這邊那畔，不滯其蹤。内外中間，匪留其跡。非止隨流得妙，况兼住岸不迷。塞斷狂瀾，抉殘怒浪。放詞源之浩瀚，縱性水之澄渟。直饒絶點純清，未免天機漏泄。不必尋言逐句，應須捨妄歸真。休因一句隨他語，謾使千山走衲僧。」

三斷無相云何得説疑

此疑從第一疑中不可以身相得見如來而來。向云佛身無相，若證無相時，法與非法皆捨，即不合有得有説。何故世尊以一念相應正智現覺，於諸法有所説耶？有説即墮有爲，安在其無爲耶？爲遣此疑，故經曰：

「須菩提，於意云何，如來得阿耨多羅三藐三菩提耶？如來有所説法耶？」須菩提言：「如我解佛所説義，無有定法名阿耨多羅三藐三菩提，亦無有定法如來可説。何以

故？如來所説法，皆不可取、不可説，非法、非非法。

傅大士頌曰：「菩提離言説，從來無得人。須依二空理，當證法王身。有心俱是妄，無執乃名真。若悟非非法，逍遥出六塵。」

「所以者何？一切賢聖，皆以無爲法而有差别。」

傅大士頌曰：「人法俱名執，了即二無爲。菩薩能齊證，聲聞離一非。所知煩惱盡，空中無所依。常能作此觀，得聖定無疑。」

「須菩提，於意云何？若人滿三千大千世界七寶以用布施，是人所得福德，寧爲多不？」須菩提言：「甚多，世尊。何以故？是福德即非福德性，是故如來説福德多。」「若復有人，於此經中受持乃至四句偈等，爲他人説，其福勝彼。何以故？須菩提，一切諸佛及諸佛阿耨多羅三藐三菩提法，皆從此經出。須菩提，所謂佛、法者，即非佛、法。

傅大士頌曰：「寶滿三千界，賫持作福田。唯成有漏業，終不離人天。持經取四句，與聖作良緣。欲入無爲海，須乘般若船。」

通曰：如來無住妙法，大不可思議。論實際理地，一無所得。以普利羣生之故，不妨現起種種形相言音。凡有見聞，靡不獲益。其實於諸法性，離諸分別，不由作意，得即無得，説即無説，是爲中道第一義諦也。空生但明法身邊事，故以如來無得無説，一切賢聖皆以無爲法而有差別，世尊卻指出法身向上事，不妨一切諸佛從此生，無上菩提法從此出。但所謂佛與法者，即非佛與法，皆無所得故。如是妙法，有能信受者，福德真不可量也。

刊定記曰：佛問須菩提：於汝意中所謂如何？謂我得菩提爲不得耶？謂我説法爲不説耶？須菩提一向解空，豈不知佛有三種：一者法身佛，二者報佛，三者化佛。今世尊即是化身，此乃元非證覺，亦不説法度生，故無有定法名得菩提，亦無有定法如來可説。此何以故？以如來所説無上菩提之法，非耳能聽，不可取故。非口能宣，不可説故。欲言其有，則無狀無名，一切法無實體相故，本未嘗有也，故曰非法。欲言其無，則聖以之靈，真如無我相實有故，又未嘗無也，故曰非非法。以爲法則又非法，以爲非法則又非非法，説者既不二説，聽者亦不二取，故謂如來無得無說也。

彌勒菩薩偈曰：「應化非真佛，亦非說法者。說法不二取，無說離言相。」〔一〕不二取者，不取法、非法也。豈惟如來爲然，一切賢聖，依真如法清淨得名，皆是此無爲之法。無爲本無所作爲，故不見其有，不見其無。無爲即無可分別，故不得而取，不得而說。彼之自性，遠離言語相，非可說事故。但賢人分證此理，分得清淨。聖位全證此理，具足清淨。皆修證此菩提之法，而果位不無差別耳。如象、馬、兔同渡一河，能渡有差，所渡無別故。世尊以一切無爲法不可立宗，恐人聞說是法無爲，不可取說，便欲一向毀廢，諸佛如來無從出生，無上菩提無從了證，所謂佛法者，將不墮於空乎？於是較量持經功德以問須菩提：於意云何？若人以金、銀、瑠璃、珊瑚、瑪瑙、赤真珠、玻瓈七寶，充滿三千大千世界，由小千而中千，由中千而大千，凡萬億日月，萬億四天下，以如是寶持用布施，寶如是其珍也，布施如是其廣也，所得福報，寧爲多否？須菩提言：甚多。以何義故說多耶？是珍寶廣施之福德，但是事福，不能持荷菩提，非般若福德種性。若依般若修行，令自性不墮諸有，是名福德性。肩荷如來，性周沙界，其福德亦如是積聚，是爲理福，不可言福與不福，福既不有，無以言多。世俗有者，有相有爲，可以言福，以有福故，兼可言多，是故如來説福德多。佛即印可之曰：如汝所説，若復有人，於此般若章句信受持誦，自利也，爲他人説，利他也。無論全部貫徹始終，乃至隨説四句偈等，不離般若自性以爲功德，其福勝彼。以寶施者無量無邊，不可以心所測也。彌勒菩薩偈曰：「受持法及説，不空於福德。福不趣菩提，二能趣菩提。」〔二〕二即受持及説也。

「四句偈」説者不一，或云「無我相」四句，或云「凡所有相」四句，或云「若以色見我」及「一切有爲法」四句，或以一句二句三句至四句，如六祖以「摩訶般若波羅蜜經」爲四句。以上諸説不一，但以佛言隨説四句印之，皆是四句，皆可持説，可無諍論矣。以何義故，持説此經勝於財施者耶？以無上菩提從此經出，本真之理，不生不滅，煩惱覆之則隱，智慧了之則顯。持説此法，妙慧自彰，菩提法身現矣，是名了因。以諸佛如來從此經生，報化之身本來無有，持説此法，餘者受報，無邊色相以嚴其身，十方國土周行無礙，是名生因。彌勒菩薩偈曰：「於實爲了因，亦爲餘生因。」持經功德，能成就一切諸佛菩提法如此，豈世間有漏之福能與之並較哉？若復泥著持經功德，開顯是佛法身，見有性者，於法未悟，反增其障，故復告曰：「所謂佛、法者，即非佛、法。」言佛、法者，約世諦故有，即非佛、法者，約第一義即無。謂俗諦相中，有迷悟染淨凡聖之異，故説佛、法從經而出。真諦之理，離於迷悟染淨凡聖之相，畢竟無佛、法可得也。彌勒菩薩偈曰：「唯獨諸佛法，福成第一體。」〔三〕論佛與法，出世之福無與比者，以第一義觀之，一切無有，所謂福成第一體也。均之爲不可取不可説之法，歸之於無爲者，似墮偏空，不如即佛法非佛法，不失爲中道諦也。住而無住，無住而住，其爲至妙至妙者乎！

昔雪峰問德山：「從上宗乘，學人還有分也無？」山打一棒，曰：「道甚麽？」曰：「不會。」至明日請益。山曰：「我宗無語句，實無一法與人。」峰因此有省。巖頭聞之曰：「德山老人，一條脊梁骨，硬如鐵，拗不折。然雖如此，於唱教門中，猶較些子。」〔四〕法眼云：「證佛地者，名持此經。經中云：『一切諸佛及諸佛阿耨多羅三藐三菩提法，皆從此經出。』且道唤什麽作此經？莫是黄卷赤軸底是麽？且莫錯認定盤星。」〔五〕又僧問首山：「一切諸佛皆從此經出，如何是此經？」山曰：「低聲低聲。」僧云：「如何受持？」山曰：「不染汙。」投子頌曰：「水出崑崙山起雲，釣人樵父昧來因。只知洪浪巖巒闊，不肯抛絲棄斧聲。」若能抛絲棄斧，直窮向上一路，水自我出，雲自我起，又何著於語言文字而自染汙哉〔六〕？

【箋注】

〔一〕見金剛般若波羅蜜經論卷上，釋曰：「此義云何？佛有三種，一者法身佛，二者報佛，三者化佛。又釋迦牟尼名爲佛者，此是化佛，此佛不證阿耨多羅三藐三菩提，亦不説法。如經『無有定法如來得阿耨多羅三藐三菩提，亦無有定法如來可説』。若爾，何故經言『何以故？如來所説法皆不可取不可説』如是等？有人謗言，如來一向不説法，爲遮此故，偈言『應化非真佛，亦非説法者』故。『説法不二取，無説離言相』者，聽者不取法、不取非法故，説者亦不二説法、非法故。何以故？彼法非法、非非法。依何義説？依真如義説。非法者，一切法無體相故。非非法者，彼真如無我相實有故。」

〔二〕見金剛般若波羅蜜經論卷上，釋曰：「此義云何？彼福德不趣大菩提，二能趣大菩提故。何者爲二？一者受持，二者演説。如經『受持乃至四句偈等，爲他人説』故。何故名福德聚？聚義有二種，一者積聚義，二者進趣義。如人擔重，説名爲聚，如是彼福德聚，以有積聚義故，説名爲聚，於菩提不能進趣，故名爲非福德聚。此二能趣大菩提，是故於彼福德中，此福爲勝。」

〔三〕見金剛般若波羅蜜經論卷上，釋曰：「此義云何？菩提者，名爲法身，彼體實無爲，是故於彼法身，此二能作了因，不能作生因。餘者受報，相好莊嚴，佛化身相好，佛於此爲生因，以能作菩提因，是故名因。顯彼福德中，此福勝故。」

〔四〕見景德傳燈録卷十五朗州德山宣鑒禪師。參看古尊宿語録卷二十一：「雪峰問德山：『從上諸聖，以何法示人？』山云：『我宗無語句，亦無一法與人。』雪峰從此有省。後有僧問雪峰：『和尚見德山，得箇什麽便休去？』雪峰云：『我空手去，空手歸。』」

〔五〕見佛果圜悟禪師碧巖録卷十第九十七則。

〔六〕問答見景德傳燈録卷十三汝州首山省念禪師；投子頌見林泉老人評唱投子青和尚頌古空谷集卷四第六十一則首山此經。

四斷聲聞得果是取疑

此疑從上「所謂佛法即非佛法」而來。天親菩薩論曰：「向説聖人無爲法得名，以是義故，彼法不可取不可説。若須陀洹等聖人取自果，云何説彼法不可取？既如證如説，云何成不可説？」爲遣此疑，成彼法不可取不可説，故經云：

「須菩提，於意云何？須陀洹能作是念，我得須陀洹果不？」須菩提言：「不也，世尊。何以故？須陀洹名爲入流，而無所入，不入色聲香味觸法，是名須陀洹。」「須菩提，於意云何？斯陀含能作是念，我得斯陀含果不？」須菩提言：「不也，世尊。何以故？斯陀含名一往來，而實無往來，是名斯陀含。」「須菩提，於意云何？阿那含能作是念，我得阿那含果不？」須菩提言：「不也，世尊。何以故？阿那含名爲不來，而實無不來，是故名阿那含。」「須菩提，於意云何？阿羅漢能作是念，我得阿羅漢道不？」須菩提言：「不也，世尊。何以故？實無有法，名阿羅漢。世尊，若阿羅漢作是念：我得阿羅漢道，即爲著我、人、衆生、壽者。世尊，佛説我得無諍三昧，人中最爲第一，是第一離欲阿羅漢。世尊，我不作是念，我是離欲阿羅漢。世尊，我若作是念，我得阿羅漢道，世尊即不説須菩提是樂阿蘭那行者。以須菩提實無所行，而名須菩提是樂阿蘭那行。」

傅大士頌前三果曰：「捨凡初入聖，煩惱漸輕微。斷除人我執，創始至無爲。緣塵及身見，今者乃知非。七返人天後，趣寂不知歸。」又頌第四果曰：「無生即無滅，無我復無人。永除煩惱障，長辭後有身。境亡心亦滅，無復起貪瞋。無悲空有智，翛然獨任真。」

通曰：上言無爲法不可取不可説，本須菩提語，何故於自語生疑耶？爲佛説所謂佛、法者，即非佛、法，正破彼無爲之法。彼欲泯諸法而歸於無，佛則現起諸法而不見其有。即無爲法亦不見其有也，故須菩提疑若無爲法亦無性者，則一切賢聖如四果聲聞等，各各差別，各有所得，云何既已得果，又非果耶？佛以果未嘗無，但不自作證，即不見有果可得，故以四果有無作念詰之。彼自知原不作念，既不作念，又何果相之有？乃信如來所説即佛法、非佛法，真是無住妙法也。下文以如來有所得法試問之，即知實無所得。又以菩薩莊嚴佛土試問之，即知實非莊嚴。故佛印之曰：「應如是生清淨心」「應無所住而生其心」。非是住於無爲，便可爲賢聖法也。

刊定記曰：於意云何，汝謂須陀洹人作念云得須陀洹果否？答云：不也。若是者，以何義故得名須陀洹？以從凡夫地，入聖人流類，而心無所得故。云何無得？於色等六塵境界，皆無取故。若取六塵，即入凡流，逆聖流。唯不取著，即入聖流，逆凡流也，故名須陀洹。四果之中，初爲見道，次二修道，後一無學。初見道者，謂十六心，斷三界四諦下八十八使〔一〕分別麤惑。云何十六心？謂欲界四諦下各一忍一智，以成八心，又合上二界爲一四諦，類下欲界觀斷，亦各一忍一智，以成八心，即十六心〔二〕也。忍即無間道，是正斷惑時。智即解脱道，是斷了時。所謂苦法智忍、苦法智、苦類智忍、苦類智，乃至道法智忍、道法智、道類智忍、道類智，斷至十五心道類智忍，名初果向。至第十六心道類智時，名證初果。人天二别，極七返生。何故七生？餘七結故。七結者何？謂欲界貪、瞋、癡，色無色界愛、掉、慢、無明。從中復斷欲界中修所斷惑有四，即貪、瞋、癡、慢，此是俱生細惑，任運起者，以難斷故，分爲九品，所謂上上，乃至下下。此九品惑，二三果人斷之，斷至五品，名二果向。斷六品盡，名第二果。向位中有二種家家，謂天及人。天家家者，謂於天趣，或於一天，或二三天，諸家流轉，而般涅槃。人家家者，謂於人趣，或於此州，或餘州中，諸家流轉，而般涅槃。已損六生，但餘一生，是故一往天上，更須一來人間，受生斷餘惑也。如是次第，復斷二品，一生爲間，當般涅槃，是即名三果向。九品永斷，名第三果。更不還生於欲界，杜絶紆絆，故無再來。即以見道八品無爲，乃修道九品無爲，爲此果體。此二三果人斷惑，猶如截木横斷而已。如是復斷初禪地欲，乃至有頂第九品無間道時，一切説名阿羅漢向。此無間道，亦名金剛喻定，以能永壞諸惑隨眠，至解脱道，名盡智，與漏盡得同時生故，如是名住阿羅漢果。總以八十九品無爲，爲此果體。「不生」云者，謂我生已盡，梵行已立，所作已辦，不受後有。然前三句即是盡智，後句即是無生智，謂不向三界之中受有苦身也。以世間因亡果喪，出世間因成果證，應作自他利益事故，應爲一切人天有貪著者所供養故。如是四人，皆不作念：我能得果。何以故？在證時無所得故。如云實無有法名須陀洹，至實無有法名阿羅漢。何故不生得果念耶？若是念生，有我等取，無異凡夫，四果人皆離身見，無彼取故，既無取心，證即無證。彌勒菩薩偈曰：「不可取及説，自果不取故。」

佛於往日曾説於我得是無諍三昧，不惱衆生，能令衆生不起煩惱故。若人嫌立，則復爲坐，乃至不向貧家乞食，皆爲不惱他也。人中第一者，諸大弟子各有一能，皆稱第一。如迦葉頭陀、阿難多聞之類，善現無諍最爲第一，於諸離欲阿羅漢之中稱爲第一。佛雖讚我，我於此時輒無是念。若我當此之時，作如是念「我得阿羅漢道，行於無諍」，不悟即空，何故如來讚言第一？言第一樂寂靜者，悟即空故。以須菩提不作是念，實無所行，故佛讚我無諍第一也。無諍者，謂離煩惱障，及離三昧障。由離煩惱障，得阿羅漢故。離三昧障，得無諍故。彌勒菩薩偈曰：「依彼善吉者，説離二種障。」〔三〕須菩提住於此定，障及諍皆不與俱，故隨俗言無諍行。無諍行也，實無所行，更何疑於得果是取哉？此世尊令彼自解自悟，默除所疑也。

昔翠微無學禪師因供養羅漢，僧問：「丹霞燒木佛，和尚爲甚麽供養羅漢？」師曰：「燒也不燒著，供養亦一任供養。」曰：「供養羅漢，羅漢還來也無？」師曰：「汝每日還喫飯麽？」僧無語。師曰：「少有靈利底。」〔四〕又長慶有時云：「寧説阿羅漢有三毒，不説如來有二種語。不道如來無語，只是無二種語。」保福云：「作麽生是如來語？」慶云：「聾人爭得聞。」保福云：「情知你向第二頭道。」慶云：「作麽生是如來語？」保福云：「喫茶去。」雪竇頌云：「頭兮第一第二，卧龍不鑒止水。無處有月波澄，有處無風浪起。稜禪客，稜禪客，三月禹門遭點額。」〔五〕即此二則公案，俱具金剛般若眼，照用現前，卻解得如來語。

【箋注】

〔一〕八十八使：又稱八十八隨眠。「使」乃驅役之義，謂此見惑，能驅役一切衆生流轉三界生死。所謂見惑是指以意根對法塵生起的分別，共有十種：一、身見，謂於色受想行識五陰之中，妄計爲身也。二、邊見，謂於身見計斷計常，隨執一邊也。三、見取，謂於非真勝法中，謬見涅槃，生心而取也。四、戒取，謂於非戒中，謬以爲戒，取以進行也。五、邪見，謂無明不了，邪心取理也。六、貪，謂於諸欲境引取無厭也。七、瞋，謂於逆情之境而起忿怒也。八、癡，謂於事理之中迷惑不了也。九、慢，謂自恃才德富貴，輕蔑於他也。十、疑，謂迷心乖理，猶豫不決也。此十使，歷三界四諦下增減不同，共成八十八使。即：迷欲界苦諦的見惑有上述十種煩惱，集諦的見惑有七種（上述十種中除去身見、邊見、戒禁取見），滅諦見惑同爲七種，道諦見惑有八種（即除去身見、邊見二種），總計迷於欲界四諦的見惑有三十二使。其次，在色界、無色界中每一諦下皆無瞋恚，因此，色界的見惑有二十八種，無色界也有二十八種見惑，計三界見惑總共有八十八種。見阿毗達磨發智論卷五、澄觀大方廣佛華嚴經隨疏演義鈔卷六十三。

〔二〕十六心：據俱舍論卷二十三，十六心指苦法智忍、苦法智、集法智忍、集法智、滅法智忍、滅法智、道法智忍、道法智、苦類智忍、苦類智、集類智忍、集類智、滅類智忍、滅類智、道類智忍、道類智。

〔三〕見金剛般若波羅蜜經論卷上，釋曰：「二種障者，一者煩惱障，二者三昧障。離彼二障，故言無所行。以是義故，説名二種障。離彼二種障故，名爲無諍、無諍行。」

〔四〕見五燈會元卷五京兆府翠微無學禪師。

〔五〕見佛果圜悟禪師碧巖録卷十第九十五則。圓悟評唱曰：「有底云：『保福道得是，長慶道得不是。』只管隨語生解，便道有得有失。殊不知古人如擊石火，似閃電光，如今人不去他古人轉處看，只管去句下走，便道長慶當時不便用，所以落第二頭。保福云『喫茶去』，便是第一頭。若只恁麽看，到彌勒下生，也不見古人意。若是作家，終不作這般見解，跳出這窠窟，向上自有一條路。爾若道『聾人爭得聞』，有什麽不是處？保福云『喫茶去』，有什麽是處？轉没交涉。是故道：他參活句，不參死句。」

五斷釋迦然燈取説疑

此亦從前第三疑中來。功德施菩薩論曰：「若預流等不得自果，云何世尊遇然燈佛獲無生忍？彼佛爲此佛説法，若如是，云何彼法不可執不可取？」爲遣此疑，故經云：

佛告須菩提：「於意云何？如來昔在然燈佛所，於法有所得不？」「不也，世尊，如來在然燈佛所，於法實無所得。」

傅大士偈曰：「昔時稱善慧，今日號能仁。看緣緣是妄，識體體非真。法性非因果，如理不從因。謂得然燈記，寧知是後身。」

刊定記曰：於汝意云何？謂我昔於然燈佛所，於授記言説之中，有法爲所得？爲無所得？答云：不也，如來昔在然燈佛所，於授記言説之中，實無法爲所得。蓋然燈佛所説，但是語言，釋迦所聞，惟聞語言。語言從緣，緣無自性。言語所説，不取證法故。然所以得記者，但以自無分别智，證自無差别理。智與理冥，境與神會，但一真實，更無枝葉，豈有所説、所得耶？是知證法離言説相，故不可説。證法離心緣相，故不可取也。彌勒菩薩偈曰：「佛於然燈語，不取理實智。以是真實義，成彼無取説。」（一）

功德施菩薩論曰：復有經説：我所有法，皆不可得。若聲聞、獨覺及以如來，或以言語，不能取於證法，非智不取。此説違經。經説第一義，非智之所行，何況文字？有餘經中，世尊自釋然燈佛所得無生智，不取於法，如彼經言：「海慧當知，菩薩有四，所謂初發心菩薩、修行菩薩、不退轉菩薩、一生補處菩薩。此中初發心菩薩，見色相如來；修行菩薩，見功德成就如來；不退轉菩薩，見法身如來。海慧，一生補處菩薩，非色相見，非功德成就見，非法身見。何以故？彼菩薩以淨慧眼而觀察故，依淨慧住，依淨慧行。淨慧者，無所行，非戲論，不復是見。何以故？見、非見，是二邊，遠離二邊，是即見佛。若見於佛，即見自身，見身清淨，見佛清淨。見佛清淨者，見一切法皆悉清淨，是中見清淨智亦復清淨，是名見佛。海慧，我如是見然燈如來，得無生忍，證無得無所得理。即於此時上昇虚空，高七多羅樹，一切智智，明了現前。斷衆見品，超諸分別，異分別、徧分別，不住一切識之境界，得六萬三昧。然燈如來即授記我：汝於來世，當得作佛，號釋迦牟尼。是授記聲，不至於耳，亦非餘智之所能知，亦非我惛蒙，都無所覺。然無所得，亦無佛想，無授記説、授記想。」〔二〕乃至廣説。言無想者，顯是智證，而無所取故。想者心法，非是語故。當知此中説智之境界，是故言以淨慧眼而觀察故。復次無生忍者，是心法，非語法故。復次證於無得、無所得者，以法無性，無能取得，此無得理有可得耶？都無所得，豈智能取？復次斷衆見品，超諸分別，見品分別，智法非語。復次不住一切識之境界，不言不依一切語境，故無所取，是智境界。

云何餘師因謂遮語？昔師子尊者問於鶴勒尊者曰：「我欲求道，當何用心？」祖曰：「汝欲求道，無所用心。」曰：「既無用心，誰作佛事？」祖曰：「汝若有用，即非功德。汝若無作，即是佛事。經云：我所作功德，而無我所故。」師子聞是語已，即入佛慧，祖以法眼付之。偈曰：「認得心性時，可説不思議。了了無可得，得時不説知。」〔三〕此無得無爲，須菩提亦知。但須菩提是不退轉菩薩，見法身如來，佛所説一生補處菩薩，非法身見，此其所以異耳。故佛以淨慧眼示之，所謂佛法即非佛法。彼即默然自了，殆非尋常所測。

【箋注】

〔一〕見金剛般若波羅蜜經論卷上，釋曰：「此義云何？釋迦如來於然燈佛所，言語所説，不取證法故。以是義故，顯彼證智不可説、不可取。」

〔二〕此段經文節引自曇無讖譯大方等大集經卷十。

〔三〕見景德傳燈録卷二天竺三十五祖之第二十三祖鶴勒那者。

六斷嚴土違於不取疑

此亦從前第三疑中不可取而來。功德施菩薩論曰：「若智亦不能取諸佛法，何故菩薩以智取佛土功德而興誓願？」爲遣此疑，故經云：

「須菩提，於意云何？菩薩莊嚴佛土不？」「不也，世尊。何以故？莊嚴佛土者，即非莊嚴，是名莊嚴。」「是故須菩提，諸菩薩摩訶薩，應如是生清淨心，不應住色生心，不應住聲香味觸法生心，應無所住而生其心。

傅大士頌曰：「掃除心意地，名爲淨土因。無論福與智，先且離貪瞋。莊嚴絶能所，無我亦無人。斷常俱不染，穎脱出囂塵。」

通曰：須菩提謂「一切賢聖皆以無爲法而有差別」，雖知法不可取，以其無爲而不可取也。世尊以「所謂佛法者即非佛法」，而不可取不可説，即寓於佛法中也。彼惟執著無爲之法，不可取中正是取也。故始而疑四果是取，而信其本不作念，即四果離四果矣。既而疑授記是取，而信其實無所得，即授記離授記矣。既而疑莊嚴是取，而信其即非莊嚴，即莊嚴離莊嚴矣。既而疑報身是取，而信其佛説非身，即報身離報身矣。四果、授記、莊嚴、報身，皆佛法也。即非佛法，指出法身向上事也。須菩提執著法身是有，故欲其住，欲其降伏，而不知無住之爲住也。此無住爲一經之綱宗，爲發最上乘者說，豈可容易解乎？

刊定記曰：世尊欲明法性真土，故舉菩薩興功運行，六度齊修，迴向發心，嚴淨佛土，以問須菩提，答云「不也」。以何義故，不取相莊嚴佛土耶？不以相莊嚴是真實也。土有二種：一法相土，謂有形相可得。二法性土，謂離一切相，無所見聞。莊嚴亦有二種：一形相，謂金地寶池等。二第一義相，謂修習無分別智，通達惟識真實之性，淨智所流，唯識所現，顯發過恒沙功德而爲莊嚴。此即不能有所執取，若言實有形質，是可取性，我能成就國土嚴勝者，斯成妄語。彌勒菩薩偈曰：「智習唯識通，如是取淨土。非形第一體，非嚴莊嚴意。」〔一〕「即非莊嚴」者，揀法相土，有色等性，非真莊嚴也。「是名莊嚴」者，顯法性土，以一切功德成就莊嚴，無形質可取，是第一莊嚴也。「是故」下，佛依淨心莊嚴勸也。故曰：以是義故，汝諸菩薩應生清淨之心。若人以形相爲真佛土，便欲以形相莊嚴而言我作我成就者，即住於色等境中。既住色已，即是染心，何名淨耶？爲遮此故，故云應如是生清淨心，不應住色等六塵生希望得果心也。不住色等一切諸法，心即無住。無住之心，心即清淨。清淨之心，故應生也。若都無心，便同空見，故令生此真心。天真之心，本不生滅，但緣住境，即不相應。心若不住，般若了然，亦非作意令其生起。恐人迷此，故爲顯而遮之。前不令住色等，是遮有；後令生心，是遮無。既離有無，即名中道，如斯體達，是真莊嚴，何有佛土而不清淨哉？故淨名云：「欲淨其土，當淨其心。隨其心淨，即佛土淨。」〔二〕以智成就而不住著，奚但一莊嚴爲然，當隨在生無所住心也。

昔五祖爲六祖説金剛經，至「應無所住而生其心」，六祖言下大悟，乃言：「何期自性本自清淨，何期自性本不生滅，何期自性本自具足，何期自性本無摇動，何期自性能生萬法。」五祖曰：「不識自心，學法無益。若言下識自本心，見自本性，即名丈夫、天人師、佛，善自護持。」遂以衣鉢付之。偈曰：「有情來下種，因地果還生。無情既無種，無性亦無生。」〔三〕南嶽懷讓禪師云：「一切法皆從心生，心無所生，法無所住。若達心地，所作無礙。非遇上根，宜慎辭哉。」〔四〕此六祖所得「無住生心」一語，遂爲南嶽密傳心印云。

【箋注】

〔一〕見金剛般若波羅蜜經論卷上，釋曰：「此義云何？諸佛無有莊嚴國土事，唯諸佛如來真實智慧習識通達，是故彼土不可取。若人取彼國土形相，作是言，『我成就清淨佛土』，彼不實説。」

〔二〕見維摩詰所説經卷一佛國品第一：「若菩薩欲得淨土，當淨其心；隨其心淨，則佛土淨。」僧肇注：「淨土蓋是心之影響耳。夫欲響順必和其聲，影端必正其形，此報應之定數也。」

〔三〕見宗寶本六祖大師法寶壇經行由第一。原文爲：「次日，祖潛至碓坊，見能腰石舂米，語曰：『求道之人，爲法忘軀，當如是乎！』乃問曰：『米熟也未？』惠能曰：『米熟久矣，猶欠篩在。』祖以杖擊碓三下而去。惠能即會祖意，三鼓入室。祖以袈裟遮圍，不令人見，爲説金剛經。至『應無所住而生其心』，惠能言下大悟，一切萬法，不離自性。遂啓祖言：『何期自性本自清淨，何期自性本不生滅，何期自性本自具足，何期自性本無動摇，何期自性能生萬法。』祖知悟本性，謂惠能曰：『不識本心，學法無益；若識自本心，見自本性，即名丈夫、天人師、佛。』三更受法，人盡不知，便傳頓教及衣鉢，云：『汝爲第六代祖，善自護念，廣度有情，流佈將來，無令斷絶。聽吾偈曰：『有情來下種，因地果還生。無情既無種，無性亦無生。』』」

〔四〕見景德傳燈録卷五南嶽懷讓禪師。原文爲：「師入室弟子總有六人，師各印可云：『汝等六人同證吾身，各契一路。一人得吾眉，善威儀（常浩）；一人得吾眼，善顧盼（智達）；一人得吾耳，善聽理（坦然）；一人得吾鼻，善知氣（神照）；一人得吾舌，善譚説（嚴峻）；一人得吾心，善古今（道一）。』又曰：『一切法皆從心生，心無所生，法無能住，若達心地，所作無礙。非遇上根，宜慎辭哉。』」即謂此「所作無礙」之法乃爲上上根器人所説，不可對一般人説。

金剛般若波羅蜜經宗通卷三

七斷受得報身有取疑

此疑亦從第三疑中不可取而來。功德施菩薩論曰：「若不取一切法者，云何受樂報佛取自法王身？云何餘世間復取彼是法王身？」爲遣此疑，故經云：

「須菩提，譬如有人，身如須彌山王，於意云何？是身爲大不？」須菩提言：「甚大，世尊。何以故？佛説非身，是名大身。」

傅大士頌曰：「須彌高且大，將喻法王身。七寶齊圍繞，六度次相隣。四色成山相，慈悲作佛因。有形終不大，無相乃爲真。」

通曰：須菩提問云何住，云何降伏，是於無上菩提欲有修證而得。世尊以無上菩提不假修證，縱能修證，不是本來自性天真佛也。若修六度萬行，無量功德，成就報土，名爲金光莊嚴淨土，成就報身，名爲千丈盧舍那身。終是業力所持，有漏有爲之果，難比清淨本然無漏無爲之果。故清淨本然之土，是真淨土，清淨本然之身，是真大身，所謂佛身充滿於法界是也。若於此信得及，不假修證，本自圓成，豈非甚難希有者乎？

刊定記曰：「譬如有人，身如須彌山王」如是等句，此喻顯示彼相似法自在之身。以何義故名之爲大？如須彌山勢力高遠，故名爲大。而不取彼山王體，「我是山王」，以山無分别故。報佛亦如是，以得無上法王體，故名爲大，而不取彼法王體，「我是法王」，以無分别故。如何得是無分别耶？以於無量劫修諸福行，萬慮都忘，如智寂然，故無分别。彌勒菩薩偈曰：「如山王無取，受報亦復然。遠離於諸漏，及有爲法故。」〔二〕如經：「何以故？佛説非身，是名大身。」非謂有身名爲大身，彼受樂報佛體，離於諸漏，若如是，即無有物，即是非身。由此非有身，説爲有身。以唯有清淨身故，皎然皦淨，實有自體，非是仗他因緣生故，遠離有爲法故，安在其爲有取也？文殊菩薩問世尊：「何名大身？」世尊曰：「非身，是名大身。具一切戒定慧，了清淨法，故名大身。」須菩提謂「佛説非身，是名大身」，蓋本於此。

僧問大龍：「色身敗壞，如何是堅固法身？」龍云：「山華開似錦，澗水湛如藍。」雪竇頌曰：「問曾不知，答還不會。月冷風高，古巖寒檜。堪笑路逢達道人，不將語默對。手把白玉鞭，驪珠盡擊碎。不擊碎，增瑕纇。國有憲章，三千條罪。」〔二〕若論宗門中，堅固法身亦不許住著，況非法身者乎？

【箋注】

〔一〕見金剛般若波羅蜜經論卷上，釋曰：「此義云何？如須彌山王，勢力高遠，故名爲大。而不取彼山王體，『我是山王』，以無分別故。受樂報佛亦如是，以得無上法王體，故名爲大，而不取彼法王體，『我是法王』，以無分別故。」

〔二〕見佛果圜悟禪師碧巖録卷九第八十二則。參看五燈會元卷八鼎州大龍山智洪弘濟禪師：「僧問：『如何是佛？』師曰：『即汝便是。』曰：『如何領會？』師曰：『更嫌鉢盂無柄那。』問：『如何是微妙？』師曰：『風送水聲來枕畔，月移山影到牀前。』問：『如何是極則處？』師曰：『懊惱三春月，不及九秋光。』問：『色身敗壞，如何是堅固法身？』師曰：『山花開似錦，澗水湛如藍。』」

「須菩提，如恒河中所有沙數，如是沙等恒河，於意云何？是諸恒河沙寧爲多不？」須菩提言：「甚多，世尊，但諸恒河尚多無數，何况其沙。」「須菩提，我今實言告汝：若有善男子、善女人，以七寶滿爾所恒河沙數三千大千世界，以用布施，得福多不？」須菩提言：「甚多，世尊。」佛告須菩提：「若善男子、善女人，於此經中乃至受持四句偈等，爲他人説，而此福德，勝前福德。復次，須菩提，隨説是經，乃至四句偈等，當知此處，一切世間天、人、阿脩羅，皆應供養，如佛塔廟，何况有人盡能受持讀誦。須菩提，當知是人，成就最上第一希有之法，若是經典所在之處，即爲有佛，若尊重弟子。」

傅大士頌曰：「恒沙爲比量，分爲六種多。持經取四句，七寶詎能過。法門遊歷處，供養感脩羅。經中稱最勝，尊高似佛陀。」

刊定記曰：前三疑之後、四果之前，已説寶施之喻，今復説者，豈不重耶？蓋前説一三千界寶施，此説無量三千界寶施。雖則總是多義，總是勝較量，然其後者，即多中之多，勝中之勝，故重説也。彌勒菩薩偈曰：「説多義差别，亦成勝較量。後福過於前，故重説勝喻。」〔一〕斯則言説重，而義意不重。此之勝喻，何不先舉？以諸凡夫未見真實，先爲廣説，不生信解，漸次聞之，乃生信故，所重在人通也。又前喻未説四果無心，釋迦無得，嚴淨國土不嚴而嚴，修證佛身無證而證。後乃既明斯義，法理兼深，所重在法通也。

由是較量之喻，亦復殊勝，故問須菩提：「如恒河中所有沙數，如是沙等恒河，於意云何？是諸恒河沙寧爲多不？」須菩提言：「甚多。」以殑伽河〔二〕周四十里，沙細如麫，如是沙等恒河，是諸恒河尚多無數，何況諸恒河中之沙耶？故謂甚多也。「若有善男子、善女人，以七寶滿爾所恒河沙數三千大千世界，以用布施，得福多不？」須菩提言：「甚多。」但以一恒河沙世界七寶布施，其福已多，況以諸恒河沙數世界七寶布施，豈不甚多？佛言：「若但布施而不持經者，不趣菩提，其福德未爲勝也。若善男子、善女人，於此經中受持四句偈等，爲他人説，自利利他，能趣菩提，其福德勝前七寶布施之福德，無量無邊，不可數計也。」何以見其福德之勝哉？受持福多，凡有十三種勝因，而得成福。且以處可恭敬，人可尊崇者言之。「復次須菩提，隨説是經，乃至四句偈等，當知此處，即是支提〔三〕，一切世間皆應供養，如帝釋爲天衆説法，諸天皆向座恭敬作禮。」爲重於法，乃尊於處。藏佛舍利謂之塔，奉佛形像謂之廟，説法之處如佛塔廟，明處可敬也。彌勒菩薩偈曰「尊重於二處」〔四二〕，宣説四句之處，尚得天人供養，何況盡此經文能受持耶？前説其處，此説於人。前明四句偈之處，此明盡受持之處，反覆而言，故云「何況」也。當知是人，盡能受持讀誦，盡能信解般若波羅蜜甚深妙義，以能成就最上法身、第一報身、希有化身，勝出諸乘世間無比之法。若是經典所在之處，隨何方所，即爲有佛及諸弟子，明人可尊也。謂報、化必依法身，法身又從經顯，既有能顯之教，必有所顯之佛。又經是教法，佛是果法，果由理顯，理由行致，斯則三佛備足，四法俱圓，所在之處，豈生輕劣？又「一切賢聖，皆以無爲法得名」，經顯無爲，必有賢聖、尊重弟子。又「經」即法寶，「即爲有佛」即佛寶，「若尊重弟子」即僧寶，經典所在之處，即三寶共居。若彼施寶之人及施寶之地，無如是事，故此爲勝。前説一切諸佛從此經生，猶可信也；今説經典所在即爲有佛，實難信也。前説無上菩提從此經出，猶可信也；今説持説四句，即能成就最上第一希有之法，實難信也。此無上妙法，超過一切，豈七寶布施之多可比量哉？

隋時蜀民荀氏，嘗於空地遥望虚空，手寫金剛般若經，遂感諸天覆護，遇雨此地不濕，牧童皆避於此。至唐武德間，有僧語村人曰：「此地向來有人書經，諸天設寶蓋於上覆護，不可令人作踐。」後設欄圍繞，供養佛像，常聞天樂之聲〔五〕。此其章明較著者也。昔臨濟到達磨塔頭，塔主問：「先禮佛？先禮祖？」濟曰：「祖佛俱不禮。」主曰：「祖佛與長老有甚冤家？」濟拂袖便出〔六〕。此唯成就第一希有之事，故能倒行逆施〔七〕若此。

【箋注】

〔一〕見金剛般若波羅蜜經論卷中，釋曰：「此義云何？前説三千世界，譬喻明福德多，今重説無量三千世界故。何故不先説此喻？爲漸化衆生，令生信心上妙義故。又前未顯以何等勝功德能得大菩提故，以此喻成彼功德，是故重説勝喻。」

〔二〕殑伽河：舊譯爲恒河，位於印度東北之大河名。殑伽，意謂「天堂來」。大寶積經卷三七：「爾時如來取其滴水置殑伽河中，而爲彼河流浪洄澓之所旋轉，和合引注至于大海。」

〔三〕支提：梵語音譯，又譯爲支帝、枝提、支陀等，本義爲積集。佛典謂世尊無量之福德積集於此，故舉凡塔廟、靈廟、廟、方墳、石窟等，皆稱支提。金剛般若波羅蜜經破取著不壞假名論卷一：「復次須菩提！隨所有處説是法門，乃至一四句頌，當知此處即是支提。」

〔四〕見金剛般若波羅蜜經論卷中，釋曰：「尊重於二處者，一者所説處，隨何等處説此經，令生尊重奇特相故。二者能説人，隨何等人能受持及説，以尊重經論故。」

〔五〕見金剛經感應傳。原文爲：「隋時益州新繁縣西王李村居士茍氏，晦跡不顯，人莫知之。嘗於村東空地上遥望虚空，手寫金剛般若經，遂感諸天龍神覆護。凡遇雨，此地不濕，約有丈許，如屋覆然。每雨，則牧童小兒皆避於此。至唐武德年間，有僧語村人曰：『此地向來有人書經於此，致有諸天設寶蓋於上覆護，切不可令人作踐。』爾後設欄圍繞，供養佛像。每遇齋日，集遠近善友，誦經脩善。嘗聞天樂，聲振一方，遂爲吉祥之地矣。」

〔六〕見景德傳燈録卷十二鎮州臨濟義玄禪師，又載五燈會元卷十一鎮州臨濟義玄禪師。

〔七〕倒行逆施：出史記卷六十六伍子胥傳，有不遵常理、不擇手段之意。禪門借此明以遮詮示佛法真諦，以方便門示真實相，故不可以常理解之。如劍關和尚語録謂：「我宗無語句，亦無一法與人。只貴眼親手辦，直下承當，向未舉已前，領覽得去，方知老僧無説，汝亦無聞，無説無聞，是真般若。非惟覷破空生敗闕處，亦乃自得受用，至於執佛祖柄，倒行逆施，與一切人開方便門，示真實相，無施不可。」

爾時，須菩提白佛言：「世尊，當何名此經，我等云何奉持？」佛告須菩提：「是經名爲金剛般若波羅蜜，以是名字，汝當奉持。所以者何？須菩提，佛説般若波羅蜜，即非般若波羅蜜。時本有「是名般若波羅蜜」句，原本無。須菩提，於意云何？如來有所説法不？」須菩提白佛言：「世尊，如來無所説。」

傅大士頌曰：「名中無有義，義上復無名。金剛喻真智，能破惡堅真。若到波羅岸，入理出迷情。智人心自覺，愚者外求聲。」

「須菩提，於意云何？三千大千世界所有微塵，是爲多不？」須菩提言：「甚多，世尊。」「須菩提，諸微塵，如來説非微塵，是名微塵。如來説世界，非世界，是名世界。

傅大士頌曰：「積塵成世界，析界作微塵。界喻人天果，塵爲有漏因。塵因因不實，界果果非真。果因知是幻，逍遥自在人。」

「須菩提，於意云何？可以三十二相見如來不？」「不也，世尊，不可以三十二相得見如來。何以故？如來説三十二相即是非相，是名三十二相。」「須菩提，若有善男子、善女

人，以恒河沙等身命布施。

傅大士頌曰：「施命如沙數，人天業轉深。既掩菩提相，能障涅槃心。猿猴探水月，藺蕩[一]拾花針。愛河浮更没，苦海出還沈。」

「若復有人，於此經中，乃至受持四句偈等，爲他人説，其福甚多。」

傅大士頌曰：「經中稱四句，應當不離身。愚人看似夢，智者見唯真。法性無前後，無中非故新。藴空無實相，憑何見有人。」

通曰：須菩提因佛讚歎此經所在之處即爲有佛，當爲人天供養，如佛塔廟，此經最勝，能受持者其福最多，故請此經何名而奉持之。佛以般若波羅蜜於六度中最爲第一，此經名金剛般若，取能斷之義，并其般若而遣之，蓋至尊至貴無上法門也，其名最勝，能爲一切成佛勝因故。名既無名，説亦無説，本性無生，義無有上故。由是觀於微塵世界爲麤相分[二]者，不離煩惱染因；由是觀於三十二相爲親相分者，未爲正覺體性。故持經功德，世界微塵不足爲多，三十二相不足爲奇，以受持是經，能爲法身之因故，非世間有爲有漏因果可比也。雖以恒沙身命布施，不如持説四句得福之多，況七寶布施身外之物，所得福德豈能及耶？

功德施菩薩論曰：「受持福多，以十三種因而得成福，所謂：處可恭敬故，人可尊崇故，一切勝因故，彼義無上故，越外内多故，勝佛色因故，越内施福故，同佛出現故，希能信解故，難有修行故，信修果大故，信解成就故，威力無上故。」世尊何故慇懃説此諸因相耶？以諸衆生行資生施，求財位果，不持正法，斷諸苦因，故再三讚歎而激勸之也。所云「處可恭敬，人可尊崇」，已見上文。今一切勝因者，須菩提問當何名此法門。佛言，經名金剛般若，能斷一切惑染疑執，若斷疑執，成佛必矣，豈不勝乎？故當奉持。然諸佛菩薩，以般若波羅蜜，於世、出世法最勝了知，今此法門名曰「金剛」，有何所以？「佛説般若波羅蜜，即非般若波羅蜜」，謂三界諸法，智能稱量，知不堅固，彼不堅固者，猶是此岸。而般若智最堅固者，名到彼岸，智功德岸，無能量者。

彌勒菩薩偈曰「彼智岸難量」〔三〕，以第一義中，本性無生，難可思量，云何爲到？即般若智亦須能斷，此法門與一切諸佛如來證法作勝因也。偈云「因習證大體」〔四〕，其斯之謂乎？所謂彼義無上者，佛問須菩提：「於意云何？如來有所説法否？」須菩提已知如來所説法，皆不可取、不可説，至是答云「如來無所説」，言無有法是如來獨說，皆是諸佛共宣揚故。由諸佛親所證會等流〔五〕之性，至尊無上，縱有所說，皆如其證，證中無說，豈有異說耶？偈云「由等流殊勝」〔六〕，即是義無有上也。所謂越外內多者，「佛問須菩提：於意云何？三千大千世界所有微塵，是爲多不？須菩提言：甚多。」以三千世界散爲微塵，以微塵積爲三千世界，如積微塵功行，得成人天勝果，如是可以爲多乎？彼珍寶布施福德，是染煩惱因，以能成就染煩惱果，以能成就染煩惱事故。是因爲有漏之因，果爲有爲之果也。如是微塵世界，總皆不實，二俱非有，故如來說爲非塵，說爲非界。然此地塵，不是染等性塵，是故名作地塵。又彼世界，非是煩惱染因界，爲此說爲世界。由此言之，彼布施福德，乃是煩惑塵坌之因，彼福縱善，與外塵無記〔七〕等，猶爲劣也，以此比於受持之福不見其多，謂寶施不及塵界，塵界不及持經。由於彼習煩惱，而此斷除煩惑故也。偈云「彼因習煩惱」，經勝所以，豈不昭然？世界有衆生，故名爲內多。微塵但形色，故名爲外多。此持經功德，不落無記性，所以超越外內多也。所謂勝佛色因者，「佛問須菩提：於意云何？可以三十二相見法身如來否？答云：不也，不可以三十二相見法身如來。」以何義故，不可以三十二相爲法身如來？如來說三十二相，非是法身無爲之相，但是化身有爲之相故。法身無爲，真實性故，色身有爲，影像相故。即如修行所有福業能成佛身相，但是應身，此於持説功德能成法身，亦爲是劣。由彼衆相，非是正覺體性，而持説能得大覺性故，故謂彼爲劣。彼相雖劣，亦勝過施寶之染福，況爲法身因者，而不超越？是故劣亦勝也。偈云「此降伏染福」〔八〕，若福德中之勝福，更能降伏可知，故云勝佛色因也。所謂超内施福者，「佛告須菩提：若有善男子、善女人，以恒河沙等身命布施」，彼以七寶施者，是身外之財，此以身命施者，是謂内財。捨身恒河沙數，不爲不多矣，破其慳貪，不謂不盡矣，其獲福報，視彼捨資生珍寶者，其福尤勝。何以故？彼捨身命，苦身心故。偈云「苦身勝於彼」〔九〕，習此苦因，不趨菩提，終爲有漏之果。「若復有人，於此經中，乃至受持四句偈等，爲他人説」，是謂法施，自利利他，能趨菩提，終成勝果，故其福勝彼無量阿僧祇，是謂超内施福德也。此約内財較量，倍顯經勝。然則此經名爲金剛般若波羅蜜者，離文字相，故無所説；離煩惱相，故非微塵；離人天相，故非世界。乃至離佛色身，故非三十二相；亦離般若自性，故非般若波羅蜜。如是最上第一希有之法，但可自信，但可自悟。如其不悟，雖捐無量七寶以求之，必不可得，雖捨無數身命以求之，必不可得。惟須菩提深契其旨，能不流涕而歎其難遇乎！

黃檗云：「佛有三身，法身説自性虛通法，報身説一切清淨法，化身説六度萬行法。法身説法，不可以言語、音聲、形相、文字而求，無所説，無所證，自性虛通而已，故曰：無法可説，是名説法。報身、化身，皆隨機感現，所説法，亦隨事應根，以爲攝化，皆非真法，故曰：報化非真佛，亦非説法者。」又云：「如來所説，皆爲化人，如將黃葉爲金，止小兒啼[一〇]，決定不實。若有實得，非我宗門下客，且與你本體有甚交涉？故經云：實無少法可得，名爲阿耨菩提。若也會得此意，方知佛道魔道俱錯，本來清淨皎地，無方圓，無長短，無大小等相，無漏無爲，無迷無悟，了了見，無一物，亦無人，亦無佛。大千沙界海中漚，一切聖賢如電拂，一切不如心真實。法身從古至今，與佛祖一般，何處欠少一毫毛？既會如是意，大須努力。」[一一]黃檗一宗，純是金剛大意，故知此經，實爲傳佛心印者。

【箋注】

〔一〕蘭蕩：同「浪蕩」，謂心念狂亂，眼生華針，其實並無華針。如佛典中常見的「眼翳」之喻：人目有障翳，則見空華等相。

〔二〕相分：唯識宗所立四種心法（心之作用）之第一，又作所取分，即外界之事物映現於心之影像。

〔三〕見金剛般若波羅蜜經論卷中。原文爲：「苦身勝於彼，希有及上義。彼智岸難量，亦不同餘法。堅實解深義，勝餘修多羅。大因及清淨，福中勝福德。」修多羅，意譯爲契經、正經、貫經，指佛陀的各類教法。

〔四〕見金剛般若波羅蜜經論卷中。原文爲：「尊重於二處，因習證大體。彼因習煩惱，此降伏染福。」

〔五〕等流：爲「等同流類」之義，因果之性同類，故云等流。

〔六〕見義淨譯能斷金剛般若波羅蜜多經論釋卷中。原文爲：「兩成尊重故，由等流殊勝。煩惱因性故，由劣亦勝故。」釋曰：「言兩成尊重者，由所託處成制底塔故，謂是說法之地，其所依身成如大師尊重性故，即是持經之人施寶之地，及能施者無如是事故。次下經文顯此法門，乃是諸佛親所證會等流之性。頗曾有法是如來說不者，此明何意？言無有法是如來獨說，皆是諸佛共宣揚故。又此施珍寶福是苦惱事生起之因，法門功德乃是煩惑斷除之要，優劣懸隔，是故下文將地塵爲喻。（中略）由持說福能得大覺性，爲此名劣，亦勝過施寶之福，況法身因而不超越，是故劣亦勝也，即是寶福極卑爲能成立因。」

〔七〕無記：非善非不善者，因其不能記爲善或惡，故稱無記。

〔八〕參看八三頁注釋〔四〕。此一節文字即解釋「尊重於二處，因習證大體。彼因習煩惱，此降伏染福」一偈。「降伏染福」即爲善而求善報之念，以此「染福」亦輪迴之種子，須降伏也。

〔九〕參看八三頁注釋〔三〕。「苦身」即經文所謂「以身布施」，勝於以財寶布施，但仍不如持經功德也。

〔一〇〕出自曇無讖譯大般涅槃經卷二十：「嬰兒行者，如彼嬰兒啼哭之時，父母即以楊樹黄葉而語之言：『莫啼莫啼，我與汝金。』嬰兒見已，生真金想，便止不啼，然此楊葉實非金也。」譬喻如來爲度衆生所説之方便法。

〔一一〕見黄檗山斷際禪師傳心法要。又載景德傳燈録卷九。

爾時，須菩提聞説是經，深解義趣，涕淚悲泣，而白佛言：「希有世尊！佛説如是甚深經典，我從昔來所得慧眼，未曾得聞如是之經。

傅大士頌曰：「聞經深解意，心中喜且悲。昔除煩惱障，今能離所知。偏計於先了，圓成證此時。宿乘無闕慧，方便勸人持。」

「世尊，若復有人，得聞是經，信心清淨，即生實相，當知是人成就第一希有功德。世尊，是實相者，即是非相，是故如來説名實相。

傅大士頌曰：「未有無心境，曾無無境心。境忘心自滅，心滅境無侵。經中稱實相，語妙理能深。證知惟有佛，小聖詎堪任。」

「世尊，我今得聞如是經典，信解受持，不足爲難。若當來世，後五百歲，其有衆生，得聞是經，信解受持，是人即爲第一希有。何以故？此人無我相，無人相，無衆生相，無壽者相。所以者何？我相即是非相，人相、衆生相、壽者相，即是非相。何以故？離一切諸相，即名諸佛。」

傅大士頌曰：「空生聞妙理，如蓬植在蔴。凡流信此法，同火出蓮華。恐人生斷見，大聖預開遮。如能離諸相，定入法王家。」

佛告須菩提：「如是如是，若復有人，得聞是經，不驚、不怖、不畏，當知是人，甚爲希有。

傅大士頌曰：「如能發心者，應當了二邊。涅槃無有相，菩提離所緣。無乘及乘

者，人法兩俱捐。欲達真如理，應當識本源。」

「何以故？須菩提，如來説第一波羅蜜，即非第一波羅蜜，是名第一波羅蜜。

傅大士頌曰：「波羅稱彼岸，於中十種名。高卑緣妄識，次第爲迷情。焰裏尋求水，空中覓響聲。真如何得失，今始號圓成。」

通曰：此中深讚持經得福之多者，謂得清淨之福，非世間之福也。受持四句偈等，其福甚多，豈徒取記誦言説便可得福哉？貴在於信，貴在於行，如此領受，如此修行，不著於三十二相，即得實相，與佛何别？不著於我、人、衆生、壽者四相，即不爲世界、人、天、因果拘繫。惟其超三界之外，故界内之福不足以擬之。惟其與佛無别，故福慧兩足，人天莫敢望也。爲此金剛般若，即般若離般若，威力無上，是最上第一希有之法，信者誠難，有能信解之者，其福豈可量哉？

所謂同佛出現者，佛興於世，薄福難逢，此經亦然，預聞者少。爾時須菩提聞此法門，深生信解，悲泣雨淚，捫淚而白佛言，「希有世尊，佛説如是甚深經典」，謂般若智

慧，照見五蘊皆空，是深般若。今說即般若非般若，空而不空，是甚深般若。「我從昔來所得慧眼」，但得人空慧，了偏計空。「未曾得聞如是之經」，既空其法，復空其空，證於圓成，了無所得。我本羅漢，隨佛出家，於此正法，昔尚不聞，是故希有，同於佛現。如是之經，云何希有？以上義故。佛說般若波羅蜜，即非般若波羅蜜。彼智岸難量，唯佛能知，餘無知者，故曰上義。

所謂希能信解者，「若復有人，得聞是經，能生信心」，此信若生，不信諸法，故云清淨。此中有實相，於餘不共故，除佛法，餘處無實故。以彼處未曾有、未曾生，唯信此經，則生實相，偈云「亦不同餘法」故。實相者，謂一切法無生，亦無所生，是真如實際之相也。既生實相，則三身功德自此周備，當知是人，成就第一希有功德。法本無生，云何生實相耶？所謂實相者，約第一義說，即是非相。蓋此經頓除二執，雙顯二空〔一〕，空病亦空，悉無所得。既無得無說，何相之有？若一向無相，恐成斷滅，是故如來依世諦故，說名實相。雖生實相，不壞無生，故指非相以爲實相也。若人能信諸法無生，而不壞假名，即相而離相，即生滅而證不生滅，以是之故，成就第一希有功德。唯佛能證之，非小聖所及，故謂信解希有也。

所謂難有修行者，須菩提言：我今得聞如是法門，堅實深妙，親禀佛言，信解受持，不爲難事。若當來世，最後五百歲時，去聖漸遠，正法將滅，覽斯遺教，信解法空，二邊俱離，如是受持，甚爲希有。是人非徒守記誦空言者比，故謂爲難也。

所謂信修果大者，謂彼信解受持，以何義故，稱爲希有？是諸衆生，於此經信解及行故，無復我相、人相、衆生相、壽者相，此則了人無我性，不生我等相也。所以令無我等相者，則何以故，有所取我？是中乃生能取之相，我相自體，不外心、心所法〔二〕，是心、心所法，本自非有，但依世俗言説，謂有我相、人相、衆生相、壽者相，若以第一義説，即是非相。此則了法無我故，證於雙空也。以何義故，令人法俱空耶？爲未離乎相，即不名佛，惟離人相、離法相，乃至離空相，一切俱離，則名諸佛本來真實之相也。本來雖無一物，不落斷見，實有諸佛體相，名爲大果。信能受持，證是大果，故爲希有也。從「爾時須菩提聞説是經」到此，言有六重，謂聞法悲啼、信生實相、對彰難易、明無我人、法執兼亡、盡成佛道。如斯所説，皆誠諦之言，故佛印定之曰「如是如是」，重言云者，表言當之極耳。

所謂信解成就者，佛言：若復有人，得聞是經，甚深甚妙，難解難知，乃能當聞法時，不生越怖驚愕，於非處生懼，如越正理，可駭可訶，謂於趣生道中，而不驚於諸法無生之説也。當思惟時，不生相續怖懼，不斷疑情，怖懼無已，謂於小乘説空説有中，而不怖於非空非有中道之説也。當修習時，不生畏阻，不是一向畏懼，畢竟驚怖墮故，謂於無上菩提決定向往也。當知是人，遠離衆生下劣惶惑之見，已爲希有。更趣無上菩提，肩荷如來，甚爲希有。惟有此不驚不怖不畏之心，是於最上一乘，無乘及乘者，能不生疑，乃得名爲真信解也。偈云「堅實解深義」，其斯之謂乎？

所謂威力無上者，以何義故，聞而不驚、不怖、不畏，爲希有耶？以此金剛般若波羅蜜中是第一波羅蜜，偈云「勝餘脩多羅」故。云何名爲第一？法身最大，由此成就，無與等者，一切佛法中，至堅至利，清淨最勝故，偈云「大因及清淨」〔三〕以此。又諸佛所共説故，復謂族胄高勝也。若約第一義説，即非第一波羅蜜，昔未曾失，今未曾得，本無能到者，誰爲第一？但約世諦説，以其不可取、不可説，故名第一波羅蜜也。説到第一波羅蜜，已是極則，又復遣之曰，即非第一波羅蜜，故謂威力無上也。前門門皆顯經勝，勝之根本，不過此門。彼内外財施，在因無破惑之功，在果無法身之德，無有如斯衆德圓備。此福望前福聚，昇沈理别，故受持讀誦之福，爲福德中之勝福德也。前云「佛説非身，是名大身」，是果無其果也。此云「佛説第一波羅蜜，即非第一波羅蜜」，是因無其因也。因果俱不可思議，而何以有取乎？故有取之疑可釋也。

僧問黄檗云：「文殊執劍於瞿曇前者如何？」檗云：「五百菩薩得宿命智，見過去生業障者，即你五蘊身是。以見此宿命障故，求佛、求菩提涅槃。所以文殊將智解劍，害此有見佛心故，故言你善害。」云：「何者是劍？」檗云：「解心是劍。」云：「解心既是劍，斷此有見佛心，秖如能斷見心，何能除得？」檗云：「還將你無分别智，斷此有見分别心。」云：「如作有見有求佛心，將無分别智劍斷，爭柰有智劍在何？」檗云：「若無分别智，害有見無見，無分别智亦不可得。」云：「不可以智更斷智，不可以劍更斷劍。」檗云：「劍自害劍，劍劍相害，即劍亦不可得。智自害智，智智相害，即智亦不可得。母子俱喪，亦復如是。」〔四〕唯黄檗洞明金剛般若甚深義，即般若亦不可得，此其所以爲無上法門也。

【箋注】

〔一〕二空：指人空、法空，併稱人法二空、生法二空。

〔二〕心、心所法：宇宙萬有可分成五位（心王、心所法、色法、不相應行法、無爲法），心法即其一，指心王。心所又作心數、心所有法、心所法、心數法，從屬於心王，爲種種複雜之精神作用。

〔三〕此節所引彌勒偈，皆參見八三頁注〔三〕。

〔四〕見天聖廣燈録卷八筠州黄檗鷲峰山斷際禪師。原文爲：「問：『執劍於瞿曇前者如何？』師云：『五百菩薩得宿命智，見過去生業障。五百者，即爾五陰身是。以見此宿障，故求佛、求菩提涅槃。所以文殊將智解劍，害此有見佛心故，故言爾當善害。』云：『何者是劍？』師云：『解心是劍。』云：『解心既是劍，斷此有見佛心，秖如能斷見心，何能除得？』師云：『還將爾無分別智，斷此有見分別心。』云：『如作有見有求佛心，將無分別智劍斷，爭奈有智劍在何？』師云：『若無分別智，害有見無見，無分別智亦不可得。』云：『不可以智更斷智，不可以劍更斷劍。』師云：『劍自害劍，劍劍相害，即劍亦不可得；智自害智，智智相害，即智亦不可得。母子俱喪，亦復如是。』」亦載古尊宿語録卷三黄檗斷際禪師宛陵録。文中瞿曇乃印度刹帝利種中之一姓，傳説爲瞿曇僊人之苗裔，後多譯爲喬答摩，即指釋迦牟尼。「害」即「殺害」意。又祖庭事苑卷六文殊仗劍則（原典出大寶積經卷一〇五神通證説品第九）：「五百菩薩得宿命智，知億多劫所作重罪，以憂悔故，不證無生。時文殊師利知其念已，於大衆中把刀害佛。佛言：『若欲害我，爲善害我。』文殊白佛：『云何名爲若欲害我，爲善害我？』佛因廣説一切諸法皆如幻化，若能如是，是善害我。菩薩由是照知宿罪皆如幻化，得無生忍。五百菩薩異口同音而説偈言：『文殊大智士，深達法源底。自手握利劍，持逼如來身。如劍佛亦爾，一相無有二。無相無所生，是中云何殺？』」

金剛般若波羅蜜經宗通卷四

八斷持説未脱苦果疑

此疑從前捨身布施而來。若一切佛法中，般若波羅蜜最爲上者，但持説般若足矣，何用勤苦行餘度耶？今持説者，行菩薩行，割股救鴿，投崖飼虎，如是等行，皆名苦因，云何前捨身命布施者，即成苦果，而此獨不成苦果耶？爲遣此疑，示現般若攝持餘度，故經云：

「須菩提，忍辱波羅蜜，如來説非忍辱波羅蜜。時本有「是名忍辱波羅蜜」句，非。**何以故？須菩提，如我昔爲歌利王割截身體，我於爾時，無我相，無人相，無衆生相，無壽者相。何以**

故？我於往昔節節支解時，若有我相、人相、衆生相、壽者相，應生瞋恨。須菩提，又念過去於五百世作忍辱仙人，於爾所世，無我相，無人相，無衆生相，無壽者相。

傅大士頌曰：「暴虐唯無道，時稱歌利王。逢君出遊獵，仙人橫被傷。頻經五百世，前後極時長。承先忍辱力，今乃證真常。」

「是故須菩提，菩薩應離一切相，發阿耨多羅三藐三菩提心。不應住色生心，不應住聲、香、味、觸、法生心，應生無所住心。若心有住，即爲非住。是故佛説菩薩心不應住色布施。須菩提，菩薩爲利益一切衆生故，應如是布施。

傅大士頌曰：「菩薩懷深智，何時不帶悲。投身憂虎餓，割肉恐鷹飢。精勤三大劫，曾無一念疲。如能同此行，皆得作天師。」

「如來説：一切諸相，即是非相。又説：一切衆生，即非衆生。

通曰：上言金剛般若是第一波羅蜜，或謂布施爲第一者，以布施能攝餘度，不知餘度無般若，如闕目而無導師，縱得福報，難證法身。較量優劣，斷乎般若爲第一也。故此以第一波羅蜜能攝餘度，如忍辱即是持戒，顔色不變即是禪定，忍至五百世即是精進，而中無我、人等相，即是般若也。故忍辱不住於相，布施不住於相，方證菩提。而所謂不住於相者，非金剛慧固莫能照了也。如是雖行忍辱，亦是般若，以此布施，是真布施，豈彼身命布施求世間福者可同日語哉？

功德施論曰：如來忍辱波羅蜜者，以世諦論，則名苦行，便同捨身，俱成苦果。約第一義諦，雖行苦行，有堪忍性故，即忍辱非忍辱，遠離有此分别心故，此名勝事。有二種義，一是善性故，諸波羅蜜皆以善爲體性故。二是彼岸，功德不可量。非波羅蜜者，無人知彼功德岸故。由斯得名第一最勝義，此苦行勝彼捨身遠矣。彌勒菩薩偈曰：「能忍於苦行，以苦行有善。彼福不可量，如是最勝義。」〔一〕以能離相故也。

如我昔爲仙人，山中修道，值歌利王出獵，疲極就卧，諸妃潛禮仙人。王覺，怒其貪觀女色，乃割截其身體，節節支離解散。我時容顔不變，無有我、人等相。王乃悔過，我言：「大王，我心無瞋，亦如無貪。我若真實無瞋恨者，令我此身平復如故。」作是語已，平復如故〔二〕。是時若有我、人等相，應生瞋恨，不得平復如故。以無我、人等相，不見有我身割截，亦不見有王爲割截，亦非愚癡，罔然不覺，一切分别都無所有，方成真實忍波羅蜜也。彌勒菩薩偈曰：「離我及恚相，實無於苦惱。共樂有慈悲，如是苦行果。」〔三〕唯離我故不見苦，唯離恚故不見惱。無苦即見共樂，無惱即見慈悲。心與慈悲相應，雖苦不見其苦也。若菩薩苦行之時，見有苦惱，即便欲捨菩提之心，是故應離諸相。若人不生勝菩提心，應生瞋恨，爲防此過故，謂此苦行果，非是一時能爲此忍，可暫而不可常。又念過去往昔未遇惡王，凡五百世作忍辱仙人，已於多生無我、人等相，忍之熟故。人以累苦難忍，而不知累苦能忍也。彌勒菩薩偈曰：「爲不捨心起，修行及堅固。爲忍波羅蜜，習彼能學心。」〔四〕爲何等心起行相而修行？爲何等心堅固勤求不捨菩提？此謂入初地勝義之心，得忍邊際，即忍辱非忍辱，即是此心方便行無住心也。我唯有此離相之行，得成於忍，故能與無上菩提相應。是故諸菩薩等，應離一切相，發無上菩提心，習彼能學無住之心。但離諸相，即得菩提，如説坐於菩提座，永斷一切想是也。

云何離相耶？謂不應住色生心，不應住聲、香、味、觸、法生心，應生無所住菩提之心。若心有住色等境界，即爲非住菩提也。以住菩提，故無所住，何以故？如是住者即爲非住，如有經説「菩提無住處」〔五〕，是故非住是住菩提之異名也。然則不住於相，是般若智，不但攝忍辱，且攝菩提矣。既攝菩提，何所不攝？以是義故，佛於正答問中，説菩薩心不應住色布施，不應住聲、香、味、觸、法布施。布施雖攝六度，然離於施物、施者、受者三種分别，即是般若波羅蜜，故謂般若能攝六度也。若住色等布施，即有疲乏，而菩提心不生。不住色等布施，即不疲乏，而菩提心生。諸菩薩摩訶薩，爲利益一切衆生之故，應如是布施，不住於相。云何利益衆生修行而不住於衆生事耶？彌勒菩薩偈曰：「修行利衆生，如是因當識。衆生及事相，遠離亦應知。」〔六〕故布施莫大於法施，法施莫大於滅度一切衆生。若見有衆生可度，即是著相。是故如來説一切諸相即是非相，又説一切衆生即非衆生。此故以利益爲修因，衆生及事相，皆應遠離也。何者是衆生事？謂名相衆生及彼陰事故。彌勒菩薩偈曰：「假名及陰事，如來離彼相。諸佛無彼二，以見實法故。」〔七〕彼衆生者，唯是名字施設，唤爲衆生，即彼假名，無實體故。謂一切相貌即非相貌，如是足明人無我也。世謂衆生爲五陰所成，然彼五陰等法，無衆生體，以無實故，無能成之五陰故。謂一切衆生即非衆生，如是足明法無我也。一切如來，明彼二相不實，故離彼相。然所以無彼人、法二相者，以見實法故。若彼二實有者，諸佛如來應有彼二相。何以故？諸佛如來實見故。唯諸佛見於實法，故不見有所度之人，亦不見有能度之智，乃能無所住而行於布施，故發阿耨多羅三藐三菩提心者，當離一切相也。

僧問黄檗：「『如我昔爲歌利王割截身體』，如何？」檗云：「仙人者，即是你心。歌利王好求也，不守王位，謂之貪利。如今學人不積功累德，見者便擬學，與歌利王何別？如見色時，壞卻仙人眼。聞聲時，壞却仙人耳。乃至覺知時亦復如是，唤作節節支解。」云：「祇如仙人忍時，不合更有節節支解，不可一心忍，一心不忍也。」檗云：「你作無生見、忍辱解、無求解，總是傷損。」云：「仙人被割時，還知痛否？」又云：「此中無受者，是誰受痛？」檗云：「你既不痛，出頭來覓箇甚麽？」又僧問：「何者是精進？」檗云：「身心不起，是名第一牢强精進。纔起心向外求者，名爲歌利王愛遊獵去。心不外遊，即是忍辱仙人。」〔八〕身心俱無，即是佛道，此金剛第一義也。黄檗把得便用，縱横無礙，是真能信解受持者，甚爲希有。

【箋注】

〔一〕見金剛般若波羅蜜經論卷中，釋曰：「雖此苦行同於苦果，而此苦行不疲惓，以有羼提波羅蜜，名爲第一故。」「羼提」即「忍辱」之音譯。

〔二〕此節文字參看金剛經纂要刊定記卷五引大般涅槃經卷三十一師子吼菩薩品：「我念往昔，生南天竺富單那城婆羅門家。是時有王名迦羅富，其性暴惡，憍慢自在。我於爾時爲衆生故，在彼城外寂然禪思。爾時彼王春木華敷，與其眷屬宫人婇女出城遊觀，在林樹下五欲自娱，其諸婇女捨王遊戲，遂至我所，我時爲欲斷彼貪故而爲説法。時王見我便生惡心，而問我言：『汝今以得阿羅漢果耶？』我言：『不得。』復言：『獲得不還果耶？』我言：『不得。』復言：『汝既年少，未得如是二果，則爲具有貪欲煩惱，云何恣情觀我女人？』我即答言：『大王當知，我今雖未斷貪欲結，然其内心實無貪著。』王言：『癡人，世有仙人服氣食果，見色尚貪，況汝盛年未斷貪欲，云何見色而當不著？』我言：『大王！見色不貪，實不由於服氣食果，皆由繫念無常不淨。』王言：『若有輕他而生誹謗，云何得名修持淨戒？』我言：『大王！若有妬心則爲誹謗，我無妬心，云何言謗？』王言：『大士！云何名戒？』我言：『忍名爲戒。』王言：『若忍是戒，當截汝耳，若能忍者，知汝持戒。』即截我耳。時我被截，容顔不變。時王群臣見是事已，即諫王言：『如是大士，不應加害。』王告諸臣：『汝等云何知是大士？』諸臣不言：『見受苦時容顔不變。』王復語言：『我當更試，知變不變？』即劓其鼻，刖其手足。爾時菩薩，已於無量無邊世中，修習慈悲，愍苦衆生。時四天王心懷瞋忿，雨砂礫石。王見事已，心大怖畏，復至我所，長跪而言：『惟願哀愍，聽我懺悔。』我言：『大王！我心無瞋，亦如無貪。』王言：『大德！云何得知？』我即立誓：『我若真實無瞋恨者，令我此身，平復如故。』發是願已，身即平復。」

〔三〕見金剛般若波羅蜜經論卷中，釋曰：「此苦行勝彼捨身，何況離我相、瞋恚相故。又此行無苦，不但無苦，及有樂，以有慈悲故。」

〔四〕見金剛般若波羅蜜經論卷中，釋曰：「此義云何？爲何等心起行相而修行？爲何等心不捨相？偈言『爲忍波羅蜜，習彼能學心』故。又第一義心者，已入初地，得羼提波羅蜜故，此名不住心。」「初地」指菩薩乘五十二位中「十地」之第一地「歡喜地」，謂菩薩既滿初阿僧祇劫之行，初窺心性，破見惑，證二空理，成就檀波羅蜜，生大歡喜，故名「歡喜地」。

〔五〕見文殊師利所説般若波羅蜜經：佛告文殊師利：「汝爲定求，爲定不求？」文殊白佛：「若言定求、定不求、定求不求、定非求非不求，是凡夫相。何以故？菩提無住處故。」

〔六〕見金剛般若波羅蜜經論卷中，釋曰：「此義云何？利益是因體故，彼修行利益衆生，非取衆生相事故。」

〔七〕見金剛般若波羅蜜經論卷中，釋曰：「以何等法，謂五陰名衆生？彼五陰無衆生體，以無實故，如是明法無我、人無我。何以故？一切諸佛如來，遠離一切相故。此句明彼二相不實。」

〔八〕見古尊宿語録卷四引黄檗斷際禪師宛陵録。又載天聖廣燈録卷八筠州黄檗鷲峰山斷際禪師。

九斷能證無體非因疑

此疑從前第三、第七中來。彼較量内外財施，不及持經，以此得菩提故，遂疑言説是因，菩提是果，以言説證果，理則不成。何者？果是無爲，無爲有體；因是有爲，有爲無體。無體之道，不到果中，故疑其非因也。爲遣此疑，乃説無實無虚，原不屬於有無。故經云：

「須菩提，如來是真語者、實語者、如語者、不誑語者、不異語者。須菩提，如來所得法，此法無實無虚。

傅大士頌曰：「衆生與蘊界，名別體非殊。了知心似幻，迷情見有餘。真言言不妄，實語語非虛。始終無變異，性相本來如。」

通曰：每誦此經，如來説一切諸相即是非相，又説一切衆生即非衆生。此等説話，其實難信，恐人疑爲誑語，故説「如來是真語者」云云，以此法無實無虛故。惟其無實，不見有諸相可得，不見有衆生可度；惟其無虛，未嘗不現起諸相，未嘗不現起衆生。即諸相離諸相，即衆生離衆生，是之謂無所住而生其心。雖滅度一切衆生，而不見一衆生得滅度也，此乃一真如法界。如來者，本此如而來，故所説者，不異如而説，要令諸菩薩同歸於如如性海也。傅大士偈：「始於衆生與蘊界，終於性相本來如。」合上文並頌之，大有當於心，最宜詳味。

刊定記曰：如來之言，真實無異，皆如其事，不誑衆生。今説持經必趣菩提，汝等云何不信？又以如來説於真實等，故名如來爲真實語者。真語者何？謂説佛身大菩提法也，是真智故。實語者何？謂説小乘四諦法〔一〕也，諦是實義。如語者何？謂説大乘法有真如〔二〕，而小乘無也。不異語者何？謂説三世受記〔三〕等事，更無差謬。以上四語所説，不離利生、行施等法，是法即道也。菩提妙果，雖不住此有爲法中，而利生、行施等道，實爲菩提之因。此言説有爲之因，能證離言無爲之果，又何疑於因果不相符哉？彌勒菩薩偈曰：「果雖不住道，而道能爲因。以諸佛實語，彼智有四種。實智及小乘，説摩訶衍法。及一切授記，以不虛説故。」〔四〕

秦什譯時，加「不誑語」，明四語總不誑也。以何法故不誑於衆生耶？爲如來所得法，無實無虛故。云何無實？如來證第一義，一切法本性無生，無生故不曾是有也。云何無虛？既無生，豈有滅？是故非虛。實虛二境皆不可得，於何而見其有爲？於何而見其無爲哉？彌勒偈曰：「順彼實智説，不實亦不虛。如聞聲取證，對治如是説。」〔五〕如人聞説依言得菩提，便謂言中有菩提。又聞言中無菩提，便謂畢竟無菩提，不達言空而法實，故有此執。今言無實無虛，正所以對治之也。言説文字，性本非有，言中菩提，亦同言説，如言於火，但有火名，二俱無實。以所説法，不能得彼證法，所以對治言中有菩提之説也。言説無體，依而證實，不無離言之法，如言雖非火，不無離言之火。以此所説法，隨順彼證法，證果是實，故非虛也，所以對治言中無菩提之説也。言説非虛非實，利生、行施亦非虛非實，究竟菩提亦非虛非實，孰謂持説不能於菩提作因哉？

昔伏馱蜜多尊者付法於脇尊者，偈云：「真理本無名，因名顯真理。受得真實法，非真亦非僞。」而脇尊者付法於富那夜奢，偈曰：「真體自然真，因真説有理。領得真真法，無行亦無止。」初，脇尊者至華氏國，憩一樹下。右手指地而告衆曰：「此地變金色，當有聖人入會。」言訖，即變金色。時有長者子富那夜奢，合掌前立。祖問曰：「汝從何來？」答曰：「我心非往。」祖曰：「汝何處住？」答云：「我心非止。」祖云：「汝不定耶？」答云：「諸佛亦然。」祖曰：「汝非諸佛。」答云：「諸佛亦非。」祖因説偈曰：「此地變金色，預知有聖至。當坐菩提樹，覺華而成已。」夜奢復説偈曰：「師坐金色地，常説真實義。回光而照我，令入三摩諦。」祖遂度出家，以法付之〔六〕。此無住妙理，從古已然。於斯信入，大不容易。

【箋注】

〔一〕四諦法：小乘佛教的根本教法之一，係佛陀成道之後，於鹿野苑爲五比丘初轉法輪所説。諦，有審實不虛之義。四諦即指苦、集、滅、道四種正確無誤之真理。此四者皆真實不虛，故稱四諦、四真諦；又此四者爲聖者所知見，又稱四聖諦，見中阿含經卷七分別聖諦經。

〔二〕真如：指宇宙中真實之本體，爲一切萬有之根源。又作如如、如實、法界、法性、實際、實相、如來藏、法身、佛性、真心等，中國大乘佛教更强調真如爲衆生心之本體，真如本爲萬法，萬法即爲真如。

〔三〕受記：指未來證果及成佛之預言。

〔四〕見金剛般若波羅蜜經論卷中，釋曰：「此義云何？彼境界有四種，是故如來有四種實語。以如來實智不妄説，佛菩提及小乘、大乘授記之事，皆不妄説。」

〔五〕見金剛般若波羅蜜經論卷中，釋曰：「此義云何？諸佛所説法，此法不能得彼法，而隨順義故，以所説法不能得彼證法。何以故？如所聞聲，無如是義故，是故無實。以此所説法，隨順彼證法，是故無妄語。若爾，何故説如來所得法、所説法？以依字句説故。何故如來前説如來是真語者，復言所説法無實無妄語？偈言『如聞聲取證，對治如是説』故。」

〔六〕見景德傳燈録卷一，又見契嵩傳法正宗記卷二等。伏蜜多尊者、脇尊者、富那夜奢分别爲中國禪宗所確立西土祖師之第九祖、第十祖和第十一祖。華氏國又稱華氏城、花氏國，又譯作波吒厘子、巴鄰、巴連弗等，爲中印度摩揭陀國之都城，位於恒河左岸。傳説波吒厘子原爲樹名，因該城此樹甚多，故以之爲城名。

十斷如徧有得無得疑「如徧」亦作「真如」。

此疑從上不住相布施而來。功德施菩薩論曰：「若所證法，無生無性，非實非虛，是即諸佛第一義身，從此爲因，二身成就。菩薩何故捨所證法，住於是等而行施耶？真如一切時處皆有，既徧時處，即合皆得，何故有得有不得者？」爲遣此疑，故經云：

「須菩提，若菩薩心住於法而行布施，如人入闇，即無所見。若菩薩心不住法而行布施，如人有目，日光明照，見種種色。

傅大士頌曰：「證空便爲實，執我乃成虛。非空亦非有，誰有復誰無？對病應施藥，無病藥還祛。須依二空理，穎脱入無餘。」

通曰：上言如來所得法，此法無實無虛。六祖云：「無實者，以法體空寂，無相可得。然中有恒沙性德，用之不匱，故言無虛。」〔一〕惟其有恒沙之用，不妨行於布

施；惟其體自空寂，故應不住於法。但知布施而不知離相，即住於實，不免執我之

過；但知離相而不知布施，即住於虛，不免證空之失。皆非中道諦也。能離二邊而

無住者，非具有根本智，及第一般若之力，莫能契其妙也。無上菩提，非實非虛，無住

布施，非空非有，此果因一契之理，豈得謂行施便違於真如耶？上無實無虛，承布施

而來，此復以布施證明其意，語本聯絡，傅大士偈亦極縣密。

刊定記曰：真如徧一切時，徧一切處，有得、不得者，由心有住法、不住法之異耳。若住法行施，則不得真如，如入闇中，一無所見。若無住行施，則得真如，如太陽昇天，何所不矚。住法何以不得真如？由無般若觀照之智，即執著色等六塵，及空有等法。由執著故，心不清淨，爲塵所染，但見布施，不見餘法，雖得染福，不離苦果，縱有涅槃樂處，近而不達，故如闇中無所見也。彌勒偈曰：「時及處實有，而不得真如。無智以住法，餘者有智得。」不住法何以爲得真如？由於有目，具根本智，又得日光明照，通達般若，心極清淨，決定了知佛法無性，故能悟一切法不滅不生，不斷不常，不一不異，不來不去，速成正覺，得大涅槃。如是行不住施，如見種種色也。彌勒菩薩偈曰：「暗如愚無智，明者如有智。對法及對治，得滅法如是。」〔二〕明與暗對，是對法

也。以有智治無智，是對治也。智生則無智滅，明生則暗滅，證寂滅法亦復如是。真如之理周徧十方，悟亦不增，迷亦不減，得失在人，非法有相違過也。

玄沙云：「汝今欲得出今五蘊身主宰，但識取汝祕密金剛體。古人向汝道：『圓成正徧，徧周沙界。』我今少分爲汝，智者可以譬喻得解。汝還見南閻浮提日麼？世間所作興營、養身活命種種心行作業，莫非皆承日光成立。祇如日體還有許多般心行麼？還有不周徧處麼？欲識金剛體，亦須如是看。祇如山河大地，十方國土，色空明暗，及汝身心，莫非盡承汝圓成威光所現。直是天人羣生類所作業次、受生果報、有情無情，莫非承汝威光。乃至諸佛成道成果、接物利生，莫非盡承汝威光。祇如金剛體，還有凡夫、諸佛麼？有汝心行麼？不可道無，便得當去也，知麼？」〔三〕玄沙以日喻金剛體，暗符甚深般若之旨，心心相印，豈不其然？

【箋注】

〔一〕見署名大鑒真空普覺禪師（即惠能）的金剛經解義卷下：「無實者，以法體空寂，無相可得。然中有恒沙性德，用之不匱，故言無虛。欲言其實，無相可得，欲言其虛，用而無間，是故不得言無，不得言有。有而不有，無而不無，言譬不及者，其惟真智乎！若不離相修行，無由臻此。」

〔二〕見金剛般若波羅蜜經論卷中。原文作：「闇明愚無智，明者如有智。對治及對法，得滅法如是。」

〔三〕見景德傳燈録卷十八福州玄沙宗一師備禪師。宗通引用時文字稍有改動。

「須菩提，當來之世，若有善男子、善女人，能於此經受持讀誦，即爲如來以佛智慧，悉知是人，悉見是人，皆得成就無量無邊功德。須菩提，若有善男子、善女人，初日分，以恒河沙等身布施。中日分，復以恒河沙等身布施。後日分，亦以恒河沙等身布施。如是無量百千萬億劫，以身布施。若復有人，聞此經典，信心不逆，其福勝彼，何況書寫、受持、讀誦，爲人解説。

傅大士頌曰：「衆生及壽者，藴上假虚名。如龜毛不實，似兔角無形。捨身由妄識，施命爲迷情。詳論福比智，不及受持經。」

「須菩提，以要言之，是經有不可思議、不可稱量、無邊功德，如來爲發大乘者説，爲發

最上乘者説。若有人能受持、讀誦、廣爲人説，如來悉知是人，悉見是人，皆得成就不可量、不可稱、無有邊、不可思議功德。如是人等，即爲荷擔如來阿耨多羅三藐三菩提。何以故？須菩提，若樂小法者，著我見、人見、衆生見、壽者見，即於此經，不能聽受讀誦，爲人解説。須菩提，在在處處，若有此經，一切世間天、人、阿脩羅，所應供養。當知此處，即爲是塔，皆應恭敬，作禮圍繞，以諸花香而散其處。

傅大士頌曰：「所作依他性，修成功德林。終無趨寂意，唯有濟羣心。行悲悲廣大，用智智能深。利他兼自利，小聖詎能任。」

通曰：如來深讚此經，如日光明照，見種種色，是出世間上上智，聲聞、緣覺所不能窺，唯有大乘菩薩，智悲雙運，乃克負荷。若有人能受持此經，莫逆於心，是於多生種諸善根，故聞斯信，信斯解，解斯行，自利利他，不捨菩提。此乃最上乘根器，豈修世間福者可倫哉？何爲諄諄以布施較量也？布施亦六度之一，祇知布施而不知般若，縱以身命布施至恒沙劫數，終是識情用事，於真性無與。況衆生是假，身命亦是假，處假作爲，勞而罔功。故般若爲布施眼目，能令布施到於彼岸。足知是經是第一波羅蜜，當尊敬而奉持之也。

刊定記曰：得真如者，爲由心淨。心淨由不住法，不住法緣有智，有智蓋由聞經。故知此經有其勝德，當來之世，若有善男子、善女人，能於此經依法修行，其名有三：一受持、二讀誦、三演説。受者，受其文；持者，持其義。對文曰讀，暗念曰誦，欲受其文，故先讀，欲持其義，故先誦，是讀誦乃受持之因。然受持者思慧，讀誦者聞慧，若無所聞，憑何讀誦？是則從他聞法，内自思惟，爲得修行智也。此名具三種法：聞、思、修行，爲自身淳熟故，餘者化衆生，廣説法故。彌勒菩薩偈曰：「於何法修行？得何等福德？復成就何業？如是説修行。名具三種法，受持聞廣説，修從他及内，得聞是修智。此爲自淳熟，餘者化衆生。」〔一〕

唯佛智慧，悉知、悉見是人。既行勝因，必得妙果，當能成就無量無邊功德。然何以顯其功德之殊勝哉？若有善男子、善女人，以恒河沙等身命布施，初日分如是，中日分如是，後日分亦如是。一日之間，布施無倦，乃至百劫如是，千劫如是，萬劫如是，億劫如是，無量劫中，布施無倦。以財施者，有力之家，尚可勉爲。以身施者，不惜性命，實是善行。其得福德，較之於前但以一河沙身命施者，時事皆大，福亦最勝。彌勒菩薩偈曰：「以事及時大，福中勝福德。」云何勝？以事勝故，即一日時捨多身故，復多時故。若復有人，聞此經典，如石投水，信心不逆。即此信根，能趣菩提，視彼布施未忘於我者，天地懸殊，其福爲尤勝也，何況書寫、受持、讀誦，信而好，好而樂，憶持不忘，浹於心髓。時復爲人解說甚深義趣，不徒自度，且以度人。彼以相施，此以無相施，其功德豈可勝道哉？所云得何等福德者，蓋如此。又云復成就何業者，何以竟其說耶？以要言之，是經有無量功德，不可思議。是經有無邊功德，不可思議。無量無邊，思議可及者，菩薩二乘或可測度，惟其不可心思，不可擬議，非名相之境，惟證乃知。是功德殊勝，福果堅牢，爲獨性所獲之福，非餘者所知，於聲聞等是不共性故。故此法門，下劣根器每不欲聞，如來爲發大乘者說，回心向大，入菩薩乘，是由漸而入者。爲發最上乘者說，直趨無上菩提，更不落於階級，是由頓而入者。但一佛乘，更無餘乘，由權教則名之曰大乘，即大乘亦非乘，則名之曰最上乘，是世間希聞希信之法也。彌勒菩薩偈曰：「唯依大人說，及希聞信法。」〔二〕

若有人能聞說此經，受持讀誦以自利，廣爲人說以利他。二利兼行，不離般若，是故如來悉知是人，悉見是人，智慧增長，福德亦與之增長，皆得成就不可量，至長也；不可稱，至重也；無有邊，至廣也，如是不可思議之功德。偈曰「無上因增長」，又曰「滿足無上界」，圓滿資糧，能令佛種不斷。如是人等，則爲荷擔如來無上菩提。背負曰荷，在肩曰擔，謂以大悲下化，以大智上求，以大願雙運，安於精進肩上。從煩惱生死中出，念念不住，直至菩提真性，自他一時解脱，方捨此擔。是名「受持真妙法」，由彼持法，即是持菩提也。

云何如來唯爲大乘者説？何故持説名爲荷擔菩提耶？以樂小法者，著我、人、衆生、壽者等見，不能受持，爲人解説。何名小法？誰爲樂小之人？四諦因緣，名爲小法。聲聞緣覺，即是樂小之人。滯情於中，乃名爲樂。彼有法執，此顯三空，是其非處，故不能持説也。當知能持説者，即是廣大信解；樂大法者，即是甚深信解。不著我、人、衆生、壽者等見，能成就最上法器，荷擔如來種種力用，故佛爲説此經也。是一切諸佛，從此經生，一切善法，從此經出。在在處處，若有此經，一切世間天人等所應供養。此經乃超出三界之法，諸在三界中者，應供養也。當知此處，即爲是塔，如佛像貌安住於中，皆應恭敬，作禮圍繞。人能演法，功與塔等。地雖無思，持説者故，當以種種花香而散其處，如雨華讚歎，重其法，因重其處也。其處尚當恭敬，況人得真實妙法，豈不爲人恭敬而得福報也乎？彌勒菩薩偈曰：「受持真妙法，尊重身得福。」〔三〕所謂成就不可思議功德者，此也。

百丈云：「衹如有人，以福智四事，供養四百萬億阿僧衹世界六趣四生，隨其所欲，滿八十年。後作是念：然此衆生皆已衰老，我當以佛法而訓導之，令得須陀洹果，乃至阿羅漢道。如是施主，但施衆生一切樂具，功德尚自無量，何況令得須陀洹果乃至阿羅漢道，功德無量無邊，尚不如五十人聞經隨喜功德。報恩經云：『摩耶夫人生五百太子，盡得辟支佛果，而皆滅度，各各起塔供養，一一禮拜。歎言：不如生於一子，得無上菩提，省我心力。』〔四〕衹如今於百千萬衆中，有一人得者，價值三千大千世界，所以常勸衆人，須玄解自理。自理若玄，使得福智，如貴使賤，亦如無住車。若守此作解，名髻中珠，亦名有價寶珠，亦名運糞入。若不守此作解，如王髻中明珠與之，亦名無價大寶，亦名運糞出〔五〕。佛直是纏外人，卻來纏内，與麽作佛？直是生死那邊人，直是玄絶那邊人，卻來向這岸，與麽作佛？」〔六〕百丈故是最上法器，荷擔如來無上菩提，乃能爲人解説，符合金剛甚深義趣，不爲樂小法者見解，是最上乘的派也。

【箋注】

〔一〕見金剛般若波羅蜜經論卷中，釋曰：「此義云何？彼名字聞、慧、修行，爲自身淳熟故，餘者化衆生，廣説法故。得何等福德者，示現勝挍量福德故。」

〔二〕見金剛般若波羅蜜經論卷中，釋曰：「謂唯獨大人不共聲聞等，以爲住第一大乘衆生説故，此示依止大人故。又説大乘者，最妙大乘修行勝故，以信小乘等則不能聞此，示希聞而能信法故。」

〔三〕見金剛般若波羅蜜經論卷中，釋曰：「此説不可思議等文句，如經皆成就不可思議、不可稱、無有邊、無量功德聚故。如是人等則爲荷擔如來阿耨多羅三藐三菩提者，示現受持真妙法故。受持法者，即是荷擔大菩提，如經如是人等則爲荷擔如來阿耨多羅三藐三菩提故。」

〔四〕見大方便佛報恩經卷三：「『爾時鹿母夫人燒衆名香，作妙伎樂，日日入後園中，供養是五百辟支佛塔。於其塔前愁憂不樂，而作是言：我雖生是五百太子，雖復出家，而無一人能發菩提之心。即立誓願：我供養是五百辟支佛，並起五百塔，供養舍利功德，悉以迴向普及一切衆生。令我來世不用多生諸子，而不能發菩提之心，但生一子能發道心，現世出家，得一切智。』佛告阿難：『爾時鹿母夫人者，今摩耶夫人是。摩耶夫人供養五百辟支佛，及修無量善業，是故今者得生如來身。』」

〔五〕運糞入、運糞出：參看潭州潙山靈祐禪師語録：「今時人，但直下體取不會底，正是汝心，正是汝佛。若向外得一知一解，將爲禪道，且没交涉，名運糞入，不名運糞出，污汝心田，所以道不是道。」

〔六〕見古尊宿語録卷一大鑑下三世百丈懷海禪師。參看天聖廣燈録卷九洪州大雄山百丈懷海禪師：「問：『二十年中常令除糞，如何？』師云：『但息一切有無知見，但息一切貪求，箇箇透過三句外，是名除糞。秖如今求佛，求菩提，求一切有無等法，是名運糞入，不名運糞出。秖如今作佛見，作佛解，但有所見、所求、所著，盡名戲論之糞，亦名麤言，亦名死語。』」

「復次，須菩提，若善男子、善女人，受持讀誦此經，若爲人輕賤，是人先世罪業，應墮惡道。以今世人輕賤故，先世罪業即爲消滅，當得阿耨多羅三藐三菩提。

傅大士頌曰：「先當有報障，今日受持經。暫被人輕賤，轉重復還輕。若了依他起，能除徧計情。常依般若觀，何慮不圓成。」

六祖口訣云：「佛言持經之人，合得一切人恭敬供養。爲多生有重業障故，今生雖持此經，常被人輕賤，不得敬養。自以持經故，不起我、人等相，不問寃親，常行恭敬，有犯不較，常修般若波羅蜜，歷劫重罪悉皆消滅。又約理而言，先世即是前念妄心，今世即是後念覺心。以後念覺心，輕前念妄心，妄不能住，故云『先世罪業即爲消滅』。妄念既滅，罪業不成，即得菩提。」〔一〕此理事二解，皆約觀行，與傅大士頌無異。梵本中有言：「此爲善事，謂遭輕辱時，顯被辱之人有福德性故。」祖云：「自以持經故，不起我、人等相，不問冤親，常行恭敬。」正與善事意符合。大論云：「先世重罪，應入地獄，以行般若故，現世輕受。譬如重囚應死，有勢力護，則受鞭杖而已。」〔二〕持經無我相等，即煩惱障盡。極惡消滅，即業障盡。不墮惡道，即報障盡。三障既滅，三德必圓，故云「當得菩提」也。功德施論曰：「如來品説：若復有人受持此經，乃至演説，是人現世或作惡夢，或遭重疾，或被驅逼，强使遠行，罵辱鞭打，乃至殞命，所有惡業咸得消除。復有頌言：若人造惡業，作已生怖畏。自悔若向人，永拔其根本。將心悔過，尚除根本，何況有人受持正法者乎？如餘教説『業雖經百劫，而終無失壞。衆緣會遇時，要必生於果』，非有相違，此復云何？且十不善惡趣之業，由持正法，泣悔先罪，惡趣果雖永不生，然於現身受諸苦報。現受諸苦，豈失壞耶？不生惡趣，非拔根耶？若有無間決定業者，命終之後，定生彼故，應住劫受，須臾出故，如阿闍王等，是故無違。」〔三〕持説此經，不但轉重令輕，轉輕令無而已，又謂當得菩提。彌勒菩薩偈曰：「及遠離諸障，復能速證法。」唯其能速證法，故諸報障不難離也。

僧問雲居：「承教有言，是人先世罪業，應墮惡道，以今世人輕賤故，先世罪業即爲消滅，此意如何？」居云：「動則應墮惡道，靜則爲人輕賤。」崇壽稠云：「心外有法，應墮惡道。守住自己，爲人輕賤。」〔四〕天童頌云：「綴綴功過，膠膠因果。鏡外狂奔演若多，杖頭擊著破竈墮。竈墮破，來相賀，卻道從前辜負我。」〔五〕雪竇頌云：「明珠在掌，有功者賞。胡漢不來，全無伎倆。伎倆既無，波旬失塗。瞿曇瞿曇，識我也無？復云：勘破了也！」〔六〕此諸尊宿，直向自性經中明了受持，無絲毫滲漏，罪福從何而有？此乃超過一切因果之談，是善能持經者。

【箋注】

〔一〕見署名大鑒真空普覺禪師（即惠能）之金剛經解義卷下能淨業障分第十六，此書又名六祖口訣。

〔二〕見龍樹造大智度論卷三十七釋習相應品第三之餘。

〔三〕見功德施菩薩造金剛般若波羅蜜經破取著不壞假名論卷下。其中所引「餘教」之説見世親菩薩造、玄奘翻譯之大乘成業論，原文爲：「業雖經百劫，而終無失壞。遇衆緣合時，要當酬彼果。」此節討論宿世業障能否消滅或減輕，屬大乘佛教之重要理論問題。

〔四〕見景德傳燈録卷十七洪州雲居道膺禪師。又見五燈會元卷十三洪州雲居道膺禪師。

〔五〕見宏智禪師廣録卷二。演若多全譯爲演若達多。據大佛頂如來密因修證了義諸菩薩萬行首楞嚴經卷四載：一個名叫演若達多的人，早晨起來照鏡子，詫異自己的頭爲什麽看不見眼睛眉毛，懷疑頭已失去，一時驚恐萬狀，四處狂走。譬喻衆生皆因狂心而不認識真正的自己，一旦狂心頓歇，自有本性即能顯現。又宋高僧傳卷十九有唐嵩嶽破竈墮傳，傳説其曾將灶打破，對灶神説法。

〔六〕見佛果圜悟禪師碧巖録卷十第九十七則。「勘破了也」一句爲佛果圜悟禪師對雪竇頌古所作評點之語。

「須菩提，我念過去無量阿僧祇劫，於然燈佛前，得值八百四千萬億那由他諸佛，悉皆供養承事，無空過者。若復有人，於後末世，能受持讀誦此經，所得功德，於我所供養諸佛功德，百分不及一，千萬億分，乃至算數譬喻所不能及。須菩提，若善男子、善女人，於後末世，有受持讀誦此經，所得功德，我若具説者，或有人聞，心即狂亂，狐疑不信。須菩提，

當知是經義不可思議，果報亦不可思議。」

通曰：真如雖徧一切處，要假修持而得，非是無修而自得也。修之云者，熏修此般若智，不住於相，即合無生之理，非是修住相功行所可得也。緣此般若無相，非思議所及，故持經功德，亦非思議所及，不但先世罪業默爲消除，雖先世供佛功德亦難比量。何者？彼有爲之業恒小，而無爲之理恒大也。

刊定記曰：我念過去無量阿僧祇劫，於然燈佛前，得值多佛，一一供養承事，因地修行，經三無數劫。第一劫滿，遇寶髻如來。第二劫滿，遇然燈如來。第三劫滿，遇勝觀如來。今云然燈前者，即第二劫中也。那由他者，數當萬萬，而又有八百四千萬億之多。供佛功德最大，供養多佛，則功德最多，尚且經無數劫，方能成佛。若復有人，於後末世，正法將滅之時，能受持此經，廣爲人説，所得功德，能證菩提。偈云「速獲智通性」，以多福德莊嚴，速疾滿足故。視我供養諸佛功德，不啻百倍、千萬億倍，乃至算數譬喻所不能及。如微塵數、恒河沙數，皆數中之譬喻也。然所以不能及者，有二義：一、彼得福德，此得菩提故。二、彼有我相，此無我相故。無相似性，故不相及。以上凡五度較量，尚未具説，若具説者，人心狐疑惑亂，聞此功德威力，於前福聚殊絶懸遠，修福之人决不能信。當知是經義無量、無邊、不可思議，持説是經者所得果報亦無量、無邊、不可思議。彌勒菩薩偈曰「成種種勢力，得大妙果報」，所謂攝受四天王、釋提桓因、梵天王等成就勢力故，即是世妙事圓滿，果報極尊貴。又曰「如是等勝業，於法修行知」〔一〕，謂於此法修行，應知獲斯業也。惟其無量無邊，故曰大，即是多性。惟其不可思議，故曰妙，即是勝性。皆非凡情所測，持經功德，其勝不可具説如此。

前五度較量，謂外財兩度，内財兩度，佛因一度。且第一以一三千界七寶布施，較量不及；第二以無量三千界寶施，較量不及；第三以一河沙數身命布施，較量不及；第四以無量河沙數身命布施，較量不及；第五以如來因地供養諸佛功德，較量不及。此五重較量，至於算數譬喻所不能及，其勢亦不能具説。所以者何？因不同故。此持經少分福，於最勝果即成因性，總前布施福聚亦不成因，不能得真實果故。况修世福者，沈酣世福中，無窮無盡，寧有轉頭時耶？宜乎信受此經者之難其人也。

僧問洛浦：「供養百千諸佛，不如供養一無心道人。百千諸佛有何過？無心道人有何德？」浦云：「一片白雲横谷口，幾多歸鳥盡迷巢。」〔二〕丹霞頌云：「拾得疏慵非覺曉，寒山懶惰不知歸。聲前一句圓音美，物外三山片月輝。」〔三〕若果如寒山、拾得，證於無心地位，則供養百千諸佛，亦分外事耳。

【箋注】

〔一〕見金剛般若波羅蜜經論卷中，釋曰：「此三行偈，説何等義？有不可思議者，示不可思議境界，故不可稱量者。」

〔二〕見景德傳燈録卷十六澧州樂普山元安禪師。又載五燈會元卷六澧州洛浦山元安禪師。「樂普」即「洛浦」。

〔三〕見林泉老人評唱丹霞淳禪師頌古虛堂集卷二第二十三則洛浦供養。

金剛般若波羅蜜經宗通卷五

十一斷住修降伏是我疑

此疑從前文無我人等相而來，謂如所教住修降伏，遠離前十種疑執過患，豈是無我？若無我者，教誰住修降伏耶？此疑甚微細，要離我住、我修、我降伏心，方得修因清淨，故重申前請。

爾時，須菩提白佛言：「世尊，善男子、善女人，發阿耨多羅三藐三菩提心，云何應住？云何降伏其心？」佛告須菩提：「善男子、善女人，發阿耨多羅三藐三菩提心者，當生如是心：我應滅度一切衆生，滅度一切衆生已，而無有一衆生實滅度者。何以故？須菩

提，若菩薩有我相、人相、衆生相、壽者相，則非菩薩。所以者何？須菩提，實無有法，發阿耨多羅三藐三菩提心者。

傅大士頌曰：「空生重請問，無心爲自身。欲發菩提者，當了現前因。行悲疑似妄，用智最言真。度生權立我，證理即無人。」

通曰：須菩提重立問端，説者謂前段説人無我，此段説法無我。古德相傳，不爲無見。但人無我云者，謂斷見惑。法無我云者，謂斷思惑。須菩提示阿羅漢果，已證人法雙空，何須更問？第所問菩薩位中，自初地至七地，有俱生我執，自八地至十地〔一〕，有俱生法執。俱生我執者，雖已斷前七識，尚執藏識爲我。至八地捨藏，尚執能捨之者，是爲法執。其間執情，最爲微細，非金剛慧莫能破之。故自初地至等覺，立爲金剛十種深喻，皆所以蕩除此執也。須菩提前所問者，降伏俱生我執之意居多。後所問者，降伏俱生法執之意居多。二執雖略有淺深，至「金剛道後異熟空」〔二〕，則降伏殆盡，而證於常住真心矣。須菩提問如來所説安住降伏之法，至不可思議境界，必無我相可得，又説果報亦不可思議，然則受果報者誰乎？若果無我以受果報，則修因之時，誰爲安住？誰爲降伏？隱然有一「法我」在也。佛説若是菩薩發無上菩提心者，何嘗有我？當生如是無我之心，謂我應滅度一切衆生，令入無餘涅槃，滅度一切衆生已，而不見有一衆生實滅度者。内不起於能度之心，外不見於可度之衆。念既不生，即是無我，無我斯名菩薩也。以何義故，普度衆生而不起衆生之念耶？若菩薩有我度衆生之念，即是我相。有衆生爲我所度之念，即是人相。人我未忘，即是衆生相。有涅槃可入，即是壽者相。有此四相，是顛倒行，非清淨因，不得名爲發心菩薩也。彌勒菩薩偈曰：「於内心修行，存我爲菩薩。此即障於心，違於不住道。」〔三〕惟其與無住相違，故遠於無上菩提也。夫滅度衆生者，是廣大心。令入涅槃者，是第一心。不見滅度者，是常心。遠離四相者，是正智心。生如是四種利益衆生之心，方可謂與無上菩提相應。設有一法能發是心者，則謂之有我可也。以今觀之，前無所化之境，次無能化之心，心境俱忘，能所俱寂，實無有法發菩提心者。以第一義中，即最初一念發菩提心者，尚自無有，而又誰爲之我耶？唯無有一法能發菩提心，故菩提不可得。菩提不可得，故衆生不可得。衆生不可得，故四相不可得。實際理地，一法不存，此其所以爲金剛般若甚深義也。

黄檗云：「爲汝起心作佛見，便謂有佛可成。作衆生見，便謂有衆生可度。起心動念，總是汝見處。若無一切見，佛有何處所？如文殊纔起佛見，便貶向二鐵圍山。」僧云：「今正悟時，佛在何處？」檗云：「問從何來？覺從何起？語默動靜，一切聲色，盡是佛事，何處覓佛？虚空世界皎皎地，無絲毫許與汝作見解。所以一切聲色，是佛之慧目。法不孤起，仗境方生，爲物之故，有其多智。終日説，何曾説？終日聞，何曾聞？所以釋迦四十九年説，未曾説著一字。」僧云：「若如此，何處是菩提？」檗云：「菩提無是處，佛亦不得菩提，衆生亦不失菩提。不可以身得，不可以心求。一切衆生，即菩提相。」僧云：「如何發菩提心？」檗云：「菩提無所得。你今但發無所得心，決定不得一法，即菩提心。菩提無住處，是故無有得者，故云『我於然燈佛所，無有少法可得，佛即與我授記』。明知一切衆生不應更得菩提，你今問發菩提心，謂將一箇心學取佛去，唯擬作佛道，任汝三祇劫修，亦祇得箇報化佛，與你本源真性佛有何交涉？故云外求有相佛，與汝不相似。」〔四〕妙哉論也！足爲此段疏義。

【箋注】

〔一〕據唐實叉難陀譯大方廣佛華嚴經卷三十四以下，及佛説仁王般若波羅蜜經卷上等載，菩薩修行須經五十二位中之第四十一至第五十之位，名爲十地，計有：一、歡喜地，又作極喜地、喜地、悦豫地。二、離垢地，又作無垢地、淨地。三、發光地，又作明地、有光地、興光地。四、焰慧地，又作焰地、增曜地、暉曜地。五、難勝地，又作極難勝地。六、現前地，又作現在地、目見地、目前地。七、遠行地，又作深行地、深入地、深遠地、玄妙地。八、不動地。九、善慧地，又作善哉意地、善根地。十、法雲地，又作法雨地。其中八地之菩薩，於真如之理既盡其際，全得其體，不爲有相無相所動摇，故稱不動地。

〔二〕金剛道後異熟空：唐玄奘所著概述唯識學要義之八識規矩頌中語，原文爲：「不動地前纔捨藏，金剛道後異熟空。大圓無垢同時發，普照十方塵刹中。」真可八識規矩頌解謂：「第八地爲不動地，此識初至此地，纔捨能藏所藏執藏，至金剛道後，乃等覺位。異熟者，變異而熟，異時而熟，異類而熟。金剛道後，斷生相無明，異熟種子方空也。金剛觀智，是智之名，言其堅利，能壞一切無明，有生住異滅，異熟空，則瞥起一念，無明空矣。」

〔三〕見金剛般若波羅蜜經論卷中，釋曰：「若菩薩於自身三種修行，生如是心：我住於菩薩大乘，我如是修行，我如是降伏其心。菩薩生此分別，則障於菩提行。偈言『於内心修行，存我爲菩薩，此即障於心』故。障何等心？偈言『違於不住道』故，如經『何以故？須菩提，實無有法，名爲菩薩發阿耨多羅三藐三菩提心者』故。」

〔四〕見古尊宿語録卷三黄檗斷際禪師宛陵録，文字略有差異。

十二斷佛因是有菩薩疑

此疑從上實無有法發菩提心者而來。功德施論曰：「若無菩薩發趣大乘，則無有因證於佛果，成滿四種利益之事。云何世尊然燈佛所而得授記：汝於來世當得作佛，號釋迦牟尼，能成四種利益衆生事？」爲遣此疑，故經云：

「須菩提，於意云何？如來於然燈佛所，有法得阿耨多羅三藐三菩提不？」「不也，世尊。如我解佛所説義，佛於然燈佛所，無有法得阿耨多羅三藐三菩提。」佛言：「如是如是，須菩提，實無有法如來得阿耨多羅三藐三菩提。須菩提，若有法如來得阿耨多羅三藐三菩提者，然燈佛則不與我授記：汝於來世，當得作佛，號釋迦牟尼。以實無有法得阿耨多羅三藐三菩提，是故然燈佛與我授記，作是言：汝於來世，當得作佛，號釋迦牟尼。

通曰：須菩提之爲有我疑者至微矣。始而疑安住降伏者存我，是以降伏之智爲我也。既聞實無有法發菩提心者，智實不生，安得有我？已又疑若不發心，即無菩薩，誰作佛因？不知佛於然燈佛所，實無有法發菩提心，又何疑於菩薩乎？是無一法可得者，正作佛之因也。已又疑無法可得，無佛可成，將不墮於空見乎？不知諸法如義，不有不無，正是中道第一義。惟其不有不無，故一切法即佛法，非大身名大身，何至絶無佛法也。佛既如是，菩薩亦如是，若有一法可得，即著四相，即非莊嚴。惟其即佛法非佛法，即莊嚴非莊嚴，即通達無我之義，方得名爲菩薩，方得成作佛之因也。此四段疑，本屬一氣，故總括於此。

刊定記曰：「汝意之中，頗謂我於然燈佛所得菩提否？我昔買華供佛，布髮掩泥，蒙佛授記，當得作佛，號釋迦牟尼。汝以爲是行菩薩行耶？於無上菩提有所得耶？」須菩提答云：「不也，我意不謂如來得菩提也，我已解佛所説之義。夫菩提之法，寂滅無生，離諸分別，佛於然燈佛所，見身清淨，見佛清淨，無能得之心，亦無所得之法，是授記聲不至於耳，實無有法得無上菩提。」佛即印定之曰：「如是如是，如來實無有法得無上菩提。若存能所，心境不亡，則是有法。由有法故，不順菩提，佛即不與授記。唯離能所，心境兩忘，則無有法，由無法故，則順菩提，故佛與之授記。我於彼時所修諸行，實無有一法得菩提者，以行而言，行行無得，以念而言，念念無得。」彌勒菩薩偈曰：「以後時授記，然燈行非上。」〔一〕謂然燈授記釋迦後當作佛，非有勝上因行可於彼處證得菩提，惟無所得，故蒙授記，而又何疑於菩薩發無上菩提心者，實無有法乎？

玄沙問鏡清：「古人道：不見一法，是大過患，你且道不見甚麼法？」清指露柱云：「莫是這箇法麼？」沙云：「浙中清水白米從你喫，佛法未夢見在。」天童拈云：「鏡清當時恁麽答，玄沙末後恁麽道，還相契也無？然則鏡清久不作佛法夢，也須是玄沙同參始得。」〔二〕

【箋注】

〔一〕見金剛般若波羅蜜經論卷中，釋曰：「此義云何？於然燈佛時，非第一菩薩行。何以故？我於彼時所修諸行，無有一法得阿耨多羅三藐三菩提。若我於彼佛所已證菩提，則後時諸佛不授我記，是故我於彼時，行未成佛故。」

〔二〕見景德傳燈録卷十八福州玄沙宗一師備。又見五燈會元卷七福州玄沙師備宗一禪師。天童拈語見萬松老人評唱天童覺和尚拈古請益録卷一第九則玄沙過患。

十三斷無因則無佛法疑

此疑從上釋迦於然燈行因實無有得而來。若無行因，則不得阿耨菩提。若無菩提，即無諸佛如來，寧不一切皆無耶？爲遣此疑，故經云：

「何以故？如來者，即諸法如義。若有人言：如來得阿耨多羅三藐三菩提。須菩提，實無有法佛得阿耨多羅三藐三菩提。須菩提，如來所得阿耨多羅三藐三菩提，於是中無實無虛，是故如來説：一切法皆是佛法。須菩提，所言一切法者，即非一切法，是故名一切法。須菩提，譬如人身長大。」須菩提言：「世尊，如來説人身長大，即爲非大身，是名大身。」

通曰：上言以無所得故，得授尊記。所云無所得者，豈同龜毛兔角，一無所有哉？真如性體，周徧法界，如如不動，即是諸經所言法法皆如之義。真如者，無實無虛，若有可得者，得即言實，失即言虛。唯無所得，此二俱遣，正顯中道第一義諦也。

何以謂之無實？即一切法，非一切法，即大身，非大身，即是無實也。何以謂之無虛？非一切法，是名一切法，非大身，是名大身，即是無虛也。無實無虛，遠離空有二邊，固知所云無得者，殆超出有無之表，不可以有無論也。功德施論曰：佛者覺也，菩提者亦覺也，覺不應更得覺，故如來無一法可得。雖無一法可得，未嘗無如來，以真如是佛故。真如者，即諸法如義，如來即是實性、真如異名。本自不生，本自不滅，以無顛倒，故名實性，以無改變，故名真如。若有人言：既有如來，既有菩提，以得菩提，方名如來。若如來於然燈佛所，不見有法能得菩提，昇於覺座，無有是處。是人以彼實有菩薩行者，非實語也，以彼於菩提有所得者，亦非實語也。法即菩提之法，佛即菩提，豈有得耶？偈曰「菩提彼行等」[一]故，若是菩薩行之時，實無可行，諸佛亦爾，無法可證正等菩提。然則如來終不得菩提耶？然如來所得無上菩提，得即無得，於是中無實無虛故。是故如來所得菩提，非實有爲相故。有爲相者，謂由因造，如五陰等。彼菩提法，無色等相，故曰無實。彼即於色等非相，色等相無，是其自相，彼即菩提相故。偈言「彼即非相相，以不虛妄説」，故曰無虛，非謂證於無所得法，而不該於一切也。是故佛説一切法皆是佛法，一切凡聖等法，非以自體爲體，並以真如爲體。真如但是佛所覺悟，故一切法名爲佛法。彌勒菩薩偈曰：「是法諸佛法，一切自體相。」〔二〕然所言一切色聲等法者，未曾一法有可得性，惟無性即不能持其自體相，即非一切法也。若一切色聲等法皆不是法，云何名一切法耶？於無性中假言説故。由不是法，即非是有爲相故。此成其法，是一切即真如之一切，是諸法即真如法自性也。以無彼法相，常不住持彼法相，畢竟能持非有之相，真如法身之體固自如是。譬如人身長大，如前文「身如須彌山王」，不自分别而成大體，依彼法身，説此大身喻也。何以謂之大身耶？謂煩惱障、所知障二障無故，名圓具身，即是具足法身也。此有二種義：一者徧一切境，謂真如之性，隨於所在而不異故，一切衆生咸共有故。二者功德大，謂修行功德不可思議，與大體相應。以是之故，説名大身也。須菩提深契此意，故謂如來所説人身長大，非徒爲有身説也。以色身依實義説，真如性中，無有有爲諸相，不見其生，安有於大？即爲非大身也。以有真如體故，即是無生之性，謂之非身。即此非身，名爲妙大之身，非色身之謂也。彌勒菩薩偈云：「依彼法身佛，故説大身喻。身離一切障，及徧一切境。功德及大體，故即説大身。非身即是身，是故説非身。」〔三〕能知非身之爲大身，足信無得之爲真得也已，又何疑於無佛法哉？

僧問雲門：「如何是一代時教？」雲門云：「對一說。」此即一切法之謂也。雪竇頌云：「對一說，大孤絶，無孔鐵鎚重下楔。閻浮樹下笑呵呵，昨夜驪龍拗角折。別別，韶陽老人得一橛。」〔四〕僧問雲門：「不是目前機，亦非目前事，如何？」門云：「倒一說。」此即非一切法之謂也。雪竇頌云：「倒一説，分一節，同死同生爲君訣。八萬四千非鳳毛，三十三人入虎穴。別別，擾擾忽忽水裏月。」〔五〕又僧問雲門：「如何是清淨法身？」門云：「花藥欄。」此即人身長大之謂也。僧云：「便恁麽去時如何？」門云：「金毛獅子。」此即爲非大身之謂也。雪竇頌云：「花藥欄，莫顢頇，星在秤兮不在盤。便恁麽，大無端，金毛獅子大家看。」〔六〕此諸法如義，甚深甚密，須從雲門葛藤穿過，方許少分相應。

【箋注】

〔一〕見金剛般若波羅蜜經論卷中。原文爲：「以後時授記，然燈行非上。菩提彼行等，非實有爲相。」釋曰：「此義云何？彼菩薩行，若人言有實者，此則虚妄。如是，如來得阿耨多羅三藐三菩提，若人言得者，此亦虚妄故。」

〔二〕見金剛般若波羅蜜經論卷中，釋曰：「自體相者，非體自體故。此明何義？一切法真如體故。」

〔三〕見金剛般若波羅蜜經論卷中，釋曰：「此二偈示何義？畢竟遠離煩惱障、智障，畢竟具足法身故。此復云何有二種義，一者徧一切處，二者功德大，是故名大身。」

〔四〕見佛果圜悟禪師碧巖録卷二第十四則公案。「無孔鐵鎚」喻應機答話如無柄孔的鐵錘，無抓摸處，而來勢迅猛。

〔五〕見佛果圜悟禪師碧巖録卷二第十五則公案。「訣」同「决」或「抉」，抉擇之意。「三十三人」指自摩訶迦葉至惠能之西天及東土禪宗歷代祖師，共計三十三人，謂其皆有探虎穴的膽量和手段。

〔六〕見佛果圜悟禪師碧巖録卷四第三十九則公案。「金毛獅子」爲文殊菩薩坐騎，喻乘此可斷惑證智。

十四斷無人度生嚴土疑

此疑同十二疑，皆從第十一疑中實無有法發心者而來。若無有法發菩提心者，即無菩薩，教誰度生？教誰嚴土哉？前疑無佛，此疑無菩薩，故曰「菩薩亦如是」。爲遣此疑，故經云：

「須菩提，菩薩亦如是。若作是言：我當滅度無量衆生。則不名菩薩。何以故？須菩提，實無有法名爲菩薩。是故佛說：一切法無我、無人、無衆生、無壽者。須菩提，若菩薩作是言：我當莊嚴佛土。是不名菩薩。何以故？如來說莊嚴佛土者，即非莊嚴，是名莊嚴。須菩提，若菩薩通達無我法者，如來說名眞是菩薩。魏、陳、唐三譯重「菩薩」二字。

傅大士頌曰：「人與法相待，二相本來如。法空人是妄，人空法亦祛。人法兩俱實，授記可非虛。一切皆如幻，誰言得有無。」

通曰：前說菩薩發菩提心，尚有菩提可得。至此則實無有法發心者，發心且無，而況於菩提乎？前說菩薩不見有衆生可度，尚有菩薩可得。至此則實無有法名爲菩薩，菩薩且無，而況於衆生乎？故知前所斷者，俱生我執，此所斷者，俱生法執，蓋微乎其微矣。傅大士云：「人法兩俱實，授記可非虛。」唯人法俱虛，故授記非實也。通前三疑，一口道盡。功德施論曰：「上所說因清淨相，義未圓滿，爲滿足故，再申前意。」故謂如來於然燈佛所，無少法可得，修因清淨。不但如來爲然，諸菩薩亦如是。若作是言：我當滅度無量衆生。則見我爲能度，衆生爲所度，心境未忘，即是顛倒，不得名爲菩薩也。何故一作是念，便不名菩薩耶？真如性中，毫末不存，實無少法可得，名爲菩薩。若舉心動念，即乖法體，是故佛説一切法即是佛法，無我、無人、無衆生、無壽者。第一義中，無菩薩，無凡夫，真界平等，不宜自生分别故。違之則見有四相，即是衆生，順之則不見四相，即是菩薩，畢竟無一法可得也。若菩薩作是言：所修六度萬行，爲欲莊嚴佛土。不有淨因，安得淨果？是於色等聚所成佛土，染著因故，亦不名爲菩薩也。何故莊嚴亦不名爲菩薩耶？如來所説莊嚴佛土者，第一義中，不見有能嚴所嚴，實義無生故，即非莊嚴也。本既無生，何爲復有是名？但依俗諦言説，故以是非莊嚴者，嚴與不嚴，等無有二，是名真莊嚴也。彌勒菩薩偈曰：「不達真法界，起度衆生意。及清淨國土，生心即是倒。」〔一〕

夫上嚴佛土，是爲大智，下度衆生，是爲大悲，此皆菩薩分内事，一作於念，便非菩薩。然則起何等心，方名爲菩薩耶？若有衆生及菩薩通達無我法者。無我法有二種，一是衆生所有法，一是菩薩所有法。若能自智信者，若世間智，若出世間智，信解一切法無性。一切法無性，不但離於人我，抑且離於法我。終日莊嚴而未嘗莊嚴，終日度生而未嘗度生，是真無相，是真無住，如來説名真是菩薩。重説菩薩，一是攝世諦菩薩，一是出世諦菩薩，真可授記作佛者也。彌勒菩薩偈曰：「衆生及菩薩，知諸法無我。非聖自智信，及聖以有智。」〔二〕雖非菩薩，而自智能信，即是菩薩，以有智慧故也。黄檗云：「諸佛菩薩與一切蠢動含靈，同此大涅槃性。性即是心，心即是佛，佛即是法，一念離真，皆爲妄想。不可以心更求於心，不可以佛更求於佛，不可以法更求於法。故學道人直下無心，默契而已，擬心即差，以心傳心，此爲正見。愼勿向外逐境，認境爲心，爲有貪瞋癡，即立戒定慧。本無煩惱，焉用菩提？故祖師云：『佛説一切法，爲除一切心，我無一切心，何用一切法？』本源清淨佛上，更不著一物。譬如虚空，雖無量珍寶莊嚴，終不能住。佛性同虚空，雖無量功德智慧莊嚴，終不能住，但迷本性，轉不見耳。所謂心地法門，萬物皆依此心建立，遇境即有，無境即無，不可於淨土上轉作境解。所言定慧，鑑用歷歷，寂寂惺惺，見聞覺知，並是境上作解，暫爲中下根人説即得，若欲親證，皆不可作如此見解，盡是境法，有没處，没於有地。但於一切法不作有無見，即見法也。」〔三〕黄檗直從貼體法見上，刮併殆盡，真所謂通達無我法者。

【箋注】

〔一〕見金剛般若波羅蜜經論卷中，釋曰：「此義云何？若起如是心，即是顛倒，非菩薩者。起何等心名爲菩薩？如經『須菩提，若菩薩通達無我、無我法者，如來説名真是菩薩菩薩』故。」此處所引經文，即所謂「魏、陳、唐三譯重『菩薩』二字」。

〔二〕見金剛般若波羅蜜經論卷中，釋曰：「此明何義？知無我、無我法者，謂衆生及菩薩。何等衆生？何等菩薩？於彼法若能自智信，若世間智、出世間智，所謂凡夫、聖人，是人名爲菩薩。此言攝世諦菩薩、出世諦菩薩，是故重説菩薩菩薩。」

〔三〕見景德傳燈録卷九黄蘗希運禪師傳心法要。

十五斷諸佛不見諸法疑

此疑從上菩薩不見衆生可度、佛土可淨而來。若菩薩不見彼是衆生，不見我爲菩薩，斯則不見自他等相矣，若如是，諸佛不見諸法，都無智眼，爲有境可得耶？無境可得耶？此中説無境界，故經云：

「須菩提，於意云何？如來有肉眼不？」「如是，世尊，如來有肉眼。」「須菩提，於意云何？如來有天眼不？」「如是，世尊，如來有天眼。」「須菩提，於意云何？如來有慧眼不？」「如是，世尊，如來有慧眼。」「須菩提，於意云何？如來有法眼不？」「如是，世尊，如來有法眼。」「須菩提，於意云何？如來有佛眼不？」「如是，世尊，如來有佛眼。」

傅大士頌曰：「天眼通非閡，肉眼閡非通。法眼唯觀俗，慧眼直緣空。佛眼如千日，照異體還同。圓明法界内，無處不含容。」

日月殊光如來解曰：「言肉眼者，照見胎、卵、濕、化色身起滅因緣也。言天眼者，照見諸天宫殿、雲雨明暗、五星二曜旋伏因緣也。言慧眼者，照見衆生慧性淺深、上品下生、輪迴託蔭因緣也。言法眼者，照見法身徧充三界，無形無相，盡虚空徧法界因緣也。言佛眼者，照見佛身世界無比，放光普照，破諸黑暗，無障無礙，圓滿十方，尋光見體，知有涅槃國土也。此五眼如來，其中若有上根上智之人，能識此五種因緣，即名爲大乘菩薩也。」

「須菩提，於意云何？如恒河中所有沙，佛説是沙不？」「如是，世尊，如來説是沙。」「須菩提，於意云何？如一恒河中所有沙，有如是沙等恒河，是諸恒河所有沙數佛世界，如是寧爲多不？」「甚多，世尊。」佛告須菩提：「爾所國土中，所有衆生若干種心，如來悉知。何以故？如來説諸心皆爲非心，是名爲心。所以者何？須菩提，過去心不可得，現在心不可得，未來心不可得。」

傅大士頌曰：「依他一念起，俱爲妄所行。便分六十二，九百亂縱横。過去滅無滅，當來生不生。常能作此觀，真妄坦然平。」

通曰：前云以佛智慧悉知是人，悉見是人，所重在佛眼也。佛眼者，四皆殊勝，佛眼之外，無别四眼。如來知見無二，故前説五眼，後説若干種心如來悉知。以衆生心皆真心所現少分之法，如來證真實心，豈有諸妄而不覩耶？故能通達無我法者，正與如來真心相應，所以能悉知悉見也。

刊定記曰：諸佛菩薩，遠離能所分别，不見一法可得，豈都無所見耶？然真實智眼，照了前境，略有五種：一者肉團中有淨色根，見障内色，名爲肉眼，佛具諸根，故有肉眼。二者於肉眼邊引淨天眼，見障外色，名爲天眼。三者以根本智洞析真理，名爲慧眼。四者以後得智説法度人，名爲法眼。前四在佛，迥異二乘、菩薩所得，總名佛眼，如來具足五眼，無所不矚。此約能見五眼以名見淨，下約所知諸心以明智淨。彌勒菩薩偈曰：「雖不見諸法，非無了境眼。諸佛五種實，以見彼顛倒。」〔一〕欲明如來之智微妙能知，故約所知之境廣多以顯。「於意云何？如恒河中所有沙數，佛説是沙不？」「如是，世尊，如來説是沙。」此約一箇恒河以數沙也。「於意云何？如一恒河中所有沙數，如是沙等恒河。」此約一河中沙以數河也。「是諸恒河所有沙數佛世界，如是寧爲多不？」是約諸恒河中沙以數界也。「佛告須菩提，爾所國土中，所有衆生若干種心。」約爾所界中衆生心量若是其多也。若干種心，不出於染淨二種，而如來悉能知之者，則何以故？彼等諸心，取著妄境，皆是六識顛倒，爲心流轉，種種差別，何故如來説名非心？由無持故，心即流散，以彼住於虚妄，不住於真實，非心所住也。彌勒菩薩偈曰：「種種顛倒識，以離於實念。不住彼實智，是故説顛倒。」〔二〕若如是不住者，遠離彼四念處，既無執持，隨緣常轉，即是相續顛倒，名虚妄性。所以説諸心爲顛倒識者何謂也？以於過現未來求不得故，過去心已滅故，未來心未生故。

即過去未來以驗現在，其現在虚妄分别，即是徧計所執，自性非有，故此流轉之心，皆是妄識所緣，無有三世性故，故如來悉知悉見，説名非心。所貴佛眼者，不取其能知衆生之妄心，取其知妄心皆不可得也。妄心既不可得，即是真心，真心不滅，是名爲心。此之謂正知正見，豈彼肉眼比智可及乎？

昔有西天大耳三藏到京，云得他心通。肅宗命忠國師試驗。三藏纔見師，便禮拜立於右邊。師問曰：「汝得他心通耶？」對曰：「不敢。」師曰：「汝道老僧即今在甚麽處？」曰：「和尚是一國之師，何得去西川看競渡？」良久再問：「汝道老僧即今在甚麽處？」曰：「和尚是一國之師，何得卻在天津橋上看弄猢猻？」師良久復問：「汝道老僧只今在甚麽處？」藏罔測。師叱云：「這野狐精，他心通在甚麽處？」藏無對。後僧問仰山曰：「大耳三藏第三度爲甚麽不見國師？」仰曰：「前兩度是涉境心，後入自受用三昧，所以不見。」又有僧問玄沙，沙曰：「汝道前兩度還見麽？」玄覺云：「前兩度見，後來爲甚麽不見？且道利害在甚麽處？」又僧問趙州：「大耳三藏第三度不見國師，未審國師在甚麽處？」州云：「在三藏鼻孔上。」後僧問玄沙：「既在鼻孔上，爲甚麽不見？」沙云：「只爲太近。」〔三〕天童拈云：「三藏不見國師則且置，你道國師自知下落處麽？若謂自知，則百鳥銜花，諸天供養，未有休日。且道正當恁麽時，落在什麽處？」〔四〕昔德山至澧陽，路上見一婆子賣餅。因息肩，買餅點心。婆指擔曰：「這箇是甚麽文字？」山曰：「青龍疏鈔。」婆曰：「講何經？」山曰：「金剛經。」婆曰：「我有一問，你若答得，施與點心，若答不得，且别處去。金剛經道『過去心不可得，現在心不可得，未來心不可得』，未審上座點那箇心？」山無語。遂往龍潭，發明己事。將疏鈔堆法堂前，舉火炬曰：「窮諸玄辨，若一毫置於太虚；竭世樞機，似一滴投於巨壑。」遂焚之〔五〕。故了知不可得心，若忠國師、德山者，可謂具佛眼矣。

【箋注】

〔一〕見金剛般若波羅蜜經論卷下，釋曰：「故説彼非顛倒，爲顯斷疑譬喻，是故説我知彼種種心住如是等。此示何義？彼非顛倒，以見顛倒故。」

〔二〕見金剛般若波羅蜜經論卷下，釋曰：「此義云何？種種顛倒者，彼種種心緣住，是名種種識。以六種識差别顛倒，何故彼心住名爲顛倒？偈言『以離於實念，不住彼實智，是故説顛倒』故，如來説諸心住皆爲非心住者，此句示現遠離四念處故。」

〔三〕見景德傳燈録卷五西京光宅寺慧忠國師。又見五燈會元卷二南陽慧忠國師。
〔四〕見萬松老人評唱天童覺和尚拈古請益録卷上第四十九則三藏他心。
〔五〕見五燈會元卷七鼎州德山宣鑒禪師。又載釋氏稽古略卷三等。

十六斷福德例心顛倒疑

此疑從上心住顛倒而來。如來悉知衆生若干種心，又悉知成就無量福德，心既流轉，是虚妄性，所有福聚，亦並成虚。此既是妄，即同顛倒，何名善法？然則修行諸善法，不落於空乎？爲遣此疑，故經云：

「須菩提，於意云何？若有人滿三千大千世界七寶以用布施，是人以是因緣，得福多不？」「如是，世尊，此人以是因緣，得福甚多。」「須菩提，若福德有實，如來不説得福德多。以福德無故，如來説得福德多。」

自在力王如來解曰：此雖如是布施，只是有礙之寶，不是無爲清淨功德，是故如來不説多也。若有菩薩，以盧舍那身中七覺菩提持齋禮讚，從其心燈化生功德，不生不滅，堅如金剛。乘香花雲，入無邊界，起光明臺，供養十方一切諸佛，此是無爲功德，見性之施，化爲菩薩。頌曰：「廣將七寶持爲施，如來不説福田多。若用心燈充供養，威光偏照滿娑婆。」

通曰：前須菩提説「是福德即非福德性，是故如來説福德多」，以福德性不墮諸數，故非多寡可論，説福德多者，但指世福言也。須菩提以真諦較俗諦，故以世福之多，不如其無。世尊則以真諦即俗諦，惟以福德之無，故言其多。且福德有性，即是福德有實。今并其性而無之，不住於真，不住於俗，正以顯中道諦也。

刊定記曰：流轉之心，可是於妄。所言福聚，體不是虚。如以布施爲因，以七寶爲緣，施偏於大千世界，則福亦偏於大千世界，豈不甚多？然無正覺智慧所持，成有漏因，得福雖多，有福德實性可得，如來不謂之多也。以住相布施，是其顛倒故。若不住相而行布施，由是正覺智慧所持，成無漏因，雖無福德可得，以無福德實性，故其多不可量也，是故如來説得福德多。以第一義中，本無取藴，故無有實，以依俗諦，但有言説，故言其多，是即智之所持，非顛倒也。前衆生心住於相，是名顛倒，以其違於本來空寂之體故。此布施不住於相，非是顛倒，以其順於本來空寂之體故。彌勒菩薩偈曰：「佛智慧根本，非顛倒功德。以是福德相，故重説譬喻。」〔一〕如是五眼所見，都無所得，是佛境界。以是應知離相淨因，無境可得，故通達無我法者，無知而無乎不知，無見而無乎不見也。

德山上堂：「若也於己無事，則勿妄求。妄求而得，亦非得也。汝但於事無心，無心於事，則虛而靈，空而妙。若毛端許言之本末者，皆爲自欺，何故？毫氂繫念，三塗業因，瞥爾情生，萬劫羈鎖。聖名凡號，盡是虛聲，殊相劣形，皆爲幻色，汝欲求之，得無累乎？及其厭之，又成大患，終而無益。」〔二〕德山故熟於金剛之旨，不覺縷縷而出。如上名言，一一得無惑去，方可名般若智也。

【箋注】

〔一〕見金剛般若波羅蜜經論卷下，釋曰：「此説何義？復有疑：向説心住顛倒，若如是福德，亦是顛倒，若是顛倒，何名善法？爲斷此疑，示現心住雖顛倒，福德非顛倒。何以故？偈言『佛智慧根本』故。」

〔二〕見景德傳燈録卷十五朗州德山宣鑒禪師。又見五燈會元卷七鼎州德山宣鑒禪師。

金剛般若波羅蜜經宗通卷六

十七斷無爲何有相好疑

此疑從前「如來者，即諸法如義」而來，如義者，如如不動義也，即是無爲法。既言無爲法身是佛，何以成就相好，亦名爲佛？此約法身疑色身也。故經云：

「須菩提，於意云何？佛可以具足色身見不？」「不也，世尊，如來不應以具足色身見。何以故？如來説具足色身，即非具足色身，是名具足色身。」「須菩提，於意云何？如來可以具足諸相見不？」「不也，世尊，如來不應以具足諸相見。何以故？如來説諸相具足，即非具足，是名諸相具足。」

傅大士頌曰：「八十隨形好，相分三十二〔一〕。應物萬般形，理中非一異。人、法兩俱遣，色、心齊一棄。所以證菩提，實由諸相離。」

通曰：傅大士本彌勒化身，應此方機，頌出金剛般若甚深義，實此經之鎬鑰也。諸相非相之旨，言之不啻再三，豈至重出而無意味？緣須菩提已得人空，故知三十二相即是非相，明得法身邊事；至此又空其法，故知非相是名爲相，明得法身向上事，所謂「人、法兩俱遣」也。明得非相，已棄色矣；明得非非相，又棄心矣，所謂「色、心齊一棄」也。人法俱空，色心齊棄，所以證於菩提。非空非色，非一非異，説法身非是色身，而色身未嘗不是法身。法身固不可以相見，而亦不可以離相見。相而無相，無相而相，其斯爲至妙至妙者乎！功德施論曰：「法身畢竟非色身，如三十二相、八十種好，皆色身也。法身畢竟非法相，如具足八萬四千相好，具足十身靈相，皆法相也。」〔二〕彌勒菩薩偈曰：「法身畢竟體，非彼相好身。以非相成就，非彼法身故。」所以經云「不應以具足色身見，不應以具足諸相見」也。然此相好二種，亦非不佛，此二不離法身故。如金畢竟非師子，亦非無金，以師子不離於金故〔三〕。彌勒菩薩偈曰：「不離於法身，彼二非不佛。故重説成就，亦無二及有。」〔四〕所以經云「是名具足色身，是名諸相具足」也。依第一義，不應以色相見於法身，故説非身；依世俗言説，即於色相而見法身，故説具足。亦得言無，亦得言有，故曰「亦無二及有」也。無而不無，是謂真無；有而不有，是謂妙有。非具甚深般若智，固難了此。

黄檗云：「十方諸佛，實無少法可得，名爲阿耨菩提。祇是一心，實無異相，亦無光彩，亦無勝負。無勝故無佛相，無負故無衆生相。」僧云：「心既無相，豈得全無三十二相、八十種好化度衆生耶？」檗云：「三十二相屬相，凡所有相，皆是虚妄。八十種好屬色，若以色見我，是人行邪道，不能見如來。」〔五〕黄檗此語，單明非句，令人直下見性。

僧問洞山：「如何是佛？」山云：「麻三斤。」雪竇頌云：「金烏急，玉兔速，善應何曾有輕觸？展事投機見洞山，跛鱉盲龜入空谷。花簇簇，錦簇簇，南地竹兮北地木。因思長慶陸大夫，解道合笑不合哭，咦！」僧問智門：「洞山道麻三斤，意旨如何？」智門云：「花簇簇，錦簇簇，會麽？」僧云：「不會。」智門云：「南地竹兮北地木。」僧回，舉似洞山。山云：「我不爲汝説，我爲大衆説。」遂上堂，云：「言無展事，語不投機。承言者喪，滯句者迷。」〔六〕又，陸亘大夫久參南泉。泉遷化，亘入寺下祭，却呵呵大笑。院主云：「先師與大夫有師資之義，何不哭？」大夫云：「道得即哭。」院主無語。亘大哭云：「蒼天，蒼天！先師去世遠矣！」後來長慶聞云：「大夫合笑不合哭。」〔七〕雪竇牽合成此一頌，後下一「咦」字，却與洞山相見。於此明得，方知所謂「麻三斤」云者，是相，是非相，是可見佛，是不可見佛，當別具一隻眼。

【箋注】

〔一〕三十二相、八十種好：三十二相係轉輪聖王及佛之應化身所具足之三十二種殊勝容貌與微妙形相，又作三十二大人相、三十二大丈夫相等。八十種好爲佛菩薩之身所具足之八十種好相，又稱八十隨形好等。通常認爲顯著易見者爲三十二相，微細隱密難見者爲八十種好，兩者合稱爲「相好」。具體項目各種經典記載不一，參看三四頁注釋〔一〕。

〔二〕見金剛般若波羅蜜經破取著不壞假名論卷下，謂：「此顯示見佛法身，云何見耶？如經『如來説具足色身，即非具足色身』等，此依實義，即於色相而見法身。非具足者，是法身故，如説無生性是常住。」

〔三〕此喻源於法藏華嚴金師子章，辨色空第二謂：「師子相虚，唯是真金。師子不有，金體不無，故名色空。」顯無相第四謂：「以金收師子盡，金外更無師子相可得，故名無相。」説無生第五謂：「正見師子生時，但是金生，金外更無一物。師子雖有生滅，金體本無增減，故曰無生。」

〔四〕見金剛般若波羅蜜經論卷下，釋曰：「此二偈説何義？彼法身畢竟體，非色身成就，亦非諸相成就，以非彼身故。非彼身者，以非彼法身相故。此二非不佛，即彼如來身有故。何者是二？一者色身成就，二者諸相成就。以此二法不離於法身，是故彼如來身成就相好，亦得説有。」

〔五〕見古尊宿語録卷三黄檗斷際禪師宛陵録。

〔六〕見佛果圜悟禪師碧巖録卷二第十二則。

〔七〕見佛果圜悟禪師碧巖録卷二第十二則，又載景德傳燈録卷十宣州刺史陸亘、聯燈會要卷六陸亘大夫等。

十八斷無身何以説法疑

此疑從上「身相不可得見」而來。若第一義佛境界，不可以身相得見，如來亦必離身相而説法也。聲不自聲，依色而發，既無所依之色，何以有能依之聲？爲遣此疑，故經云：

「須菩提，汝勿謂如來作是念：我當有所說法。莫作是念，何以故？若人言如來有所說法，即爲謗佛，不能解我所說故。須菩提，說法者，無法可說，是名說法。」下段魏譯。爾時，慧命須菩提白佛言：「世尊，頗有衆生，於未來世聞說是法，生信心不？」佛言：「須菩提，彼非衆生，非不衆生。何以故？須菩提，衆生衆生者，如來說非衆生，是名衆生。」唐長慶二年，釋靈幽暴亡，見閻羅天子，問幽習何行業。幽對曰：「常持金剛般若經。」天子合掌賜坐，命幽朗誦一徧。天子曰：「念此經中而少一章，如貫花之線，中有不續。真本在濠州鍾離寺石碑上，可往查對，徧告人間。」幽既還魂，奏聞其事，增入此段〔一〕。

通曰：如來不可以身相見，亦不可以離身相見，非身而身，是爲妙身。如佛法亦然，佛法不可以言說顯，亦不可以離言說顯，無說而說，是爲妙說。前謂「無有定法如來可說」，法無定法，猶帶法在；說無定說，猶帶說在。不能無說，焉可無身？既已無身，將誰說法？至此一法也無，本無可說，身即無身之身，說即無說之說。非上聖之資，固難信也。

刊定記曰：汝勿謂如來有所說法，法身無爲，實無能說之者，猶如空谷響答，實無作響之者。凡有所説法，必先作是念。佛雖説法，而無説法之心，猶如谷雖應聲，而無應聲之念。能説所説二種差別，皆無所有。汝莫作是念，謂如來有所説法也。以何義故，莫作是念耶？如來本際，不離於法界，法界平等，語即默，默即語，説無自相，即本無説。若謂如來有所説法者，即謗佛也，不能解我無説之説故。夫説法者，當如法説，名真説法。法本離一切名相分別，不見少有真實體性而可説者。説既無體，將何爲説？若稱此説，是如法説，故名説法也。彌勒菩薩偈曰："如佛法亦然，所説二差別。不離於法界，説法無自相。"法身既不離法界，所説之法亦復不離法身，故成非有，夫説法如是，何嘗有所説哉？須菩提解空第一，以慧爲命，聞説是法，信心不逆，未足爲難。故問：未來衆生，正法日遠，頗有聞是言説而生信心者乎？世尊則以衆生非一定是衆生也，一切衆生皆有佛性，安知其無能信者？故謂"彼非衆生，非不衆生"，言彼能信者，原有聖體，非是衆生；然未離凡品，非不是衆生也。以何義故，説非衆生又名衆生耶？衆生衆生云者，如來説非衆生。以第一義中，即五藴，異五藴，推求其體，悉不可得，故説非衆生也。云何非不衆生？以俗諦言説，依於五藴業果相應施設，故説是名衆生也。是則名衆生，實不衆生。衆生具有聖性，能爲信之根本，何患其不能信此甚深法界耶？彌勒菩薩偈曰：「所説説者深，非無能信者。非衆生衆生，非聖非不聖。」〔二〕謂非衆生之衆生，不可謂聖，未嘗不可爲聖也。能如是觀於衆生，即衆生離衆生，又何疑於無説之説哉？

須菩提尊者在巖中宴坐，諸天雨花讚歎。者曰：「空中雨華讚歎，復是何人？云何讚歎？」天曰：「我是梵天，敬重尊者善説般若。」者曰：「我於般若未嘗説一字，汝云何讚歎？」天曰：「如是，尊者無説，我乃無聞，無説無聞，是真説般若。」〔三〕又，維摩詰問文殊師利：「何等是菩薩入不二法門？」文殊師利曰：「如我意者，於一切法無言無説，無示無識，離諸問答，是爲入不二法門。」於是文殊師利問維摩詰言：「我等各自説已，仁者當説何等是菩薩入不二法門？」維摩默然。天童頌云：「曼殊問疾老毘耶，不二門開看作家。珉表粹中誰賞鑑？忘前失後莫咨嗟。區區投璞兮楚庭臏士，璨璨報珠兮隋城斷蛇。休點破，絶玼瑕，俗氣渾無卻較些。」〔四〕然則無説之説，諸佛菩薩皆然，又何疑於世尊？

【箋注】

〔一〕事載宋高僧傳卷二十五唐上都大温國寺靈幽傳。原文謂：「釋靈幽，不知何許人也。僻靜淳直，誦習惟勤。偶疾暴終，杳歸冥府，引之見王。問修何業，答曰：『貧道素持金剛般若，已有年矣。』王合掌，屢稱善哉，俾令諷誦。幽吮脣播舌，章段分明。念畢，王曰：『未盡善矣。何耶？勘少一節文，何貫華之線斷乎？師壽命雖盡，且放還人間十年，要勸一切人受持斯典。如其真本，即在濠州鍾離寺石碑上。』如是已，經七日而蘇。幽遂奏，奉勅令寫此經真本，添其句讀，在『無法可説，是名説法』之後是也。」

〔二〕見金剛般若波羅蜜經論卷下，釋曰：「何故言須菩提非衆生非不衆生者？偈言『非衆生衆生，非聖非不聖』故。此以何義？若有信此經，彼人非衆生。非衆生者，非無聖體。非無聖體者，非凡夫體故。非不衆生者，以有聖體故，彼人非凡夫衆生，非不是聖體衆生。」

〔三〕見聯燈會要卷一竺乾諸大賢聖。又見五燈會元卷二須菩提尊者。

〔四〕見鳩摩羅什譯維摩詰所説經卷二入不二法門品。天童頌見萬松老人評唱天童覺和尚頌古從容庵録卷三第四十八則摩經不二。

十九斷無法如何修證疑

此疑從前十二、十三疑中無法得阿耨菩提而來。功德施論曰：「若第一義佛境界，色身、言説身皆不可得，曾無有法是所覺知者。云何離於正知次第而名無上正等覺耶？既無法體，其誰修證？」爲遣此疑，故經云：

須菩提白佛言：「世尊，佛得阿耨多羅三藐三菩提，爲無所得耶？」佛言：「如是，如是，須菩提，我於阿耨多羅三藐三菩提，乃至無有少法可得，是名阿耨多羅三藐三菩提。復次，須菩提，是法平等，無有高下，是名阿耨多羅三藐三菩提。以無我、無人、無衆生、無壽者修一切善法，即得阿耨多羅三藐三菩提。須菩提，所言善法者，如來説即非善法，是名善法。

唐譯云：「復次善現，是法平等，於其中間，無不平等，故名無上正等菩提。以無我性，無有情性，無命者性，無士夫性，無補特伽羅等性平等，故名無上正等菩提。一切善法，無不現證，一切善法，無不妙覺。善現，善法善法者，如來一切説爲非法，是故如來説名善法善法。」〔一〕

傅大士頌曰：「水陸同真際，飛行體一如。法中何彼此，理上豈親疏？自他分別遣，高下識情除。了斯平等性，咸共入無餘。」

通曰：前十二、十三疑中，如來説實無有法得無上菩提，須菩提豈不信其無？第恐未來衆生以非身非説，一切皆無，遂謂法身亦無。故問佛「得無上菩提，爲無得耶」？其所云無得者良是，非謂其無得而遂無無上菩提也。故曰「是名無上正等菩提」。有少法在，即有高下，惟一法也無，故一切平等。以平等故，聖凡一體，以此自證，即無身相可得，以此度生，即無言説相可得。令一切衆生皆入無餘涅槃，實無一衆生得滅度者，蓋以此也。秦譯云：「修一切善法，則得阿耨多羅三藐三菩提。」前云無有少法，此云修一切善法，前云無得，此云則得，覺語意相戾。唐譯云：「以平等故，名無上正等菩提，一切善法無不現證，一切善法無不妙覺。」此於菩提，但言名而不言得，一切善法，但言證而不言修，似於向上一路，更爲精切。

刊定記曰：前文中皆言無法得菩提，若如來不得一法，云何轉捨二障，轉得二果？既若轉得菩提，豈是不得一法？佛答有三：一答無法可得爲正覺，二答平等爲正覺，三答正助修善爲正覺。初答如文可見，無有少法可得者，即菩提處也。無有少法可證菩提，即無有少法能過之者，故名無上，此以無法爲正覺也。「復次須菩提」下四句，以平等爲正覺也。如來清淨法身平等無差別故，其法無不齊等，無有少增，故名無上；在聖不增，故無高；居凡不減，故無下。一切平等，本來不失，更何有得？彌勒菩薩偈曰：「彼處無少法，知菩提無上。法界不增減，淨平等自相。」然雖無法，然雖平等，非謂不修得成正覺。又復其法是無我等相，遠離諸相，即是平等。又彼法無我，自體真實，竟無一法可得，故名無上。又復於諸方便，亦是無上，所有善法皆圓滿故，名爲無上。云何善法有體可得，而能證無所得理？法不相似，豈得成因？所言善法者，如來説爲非法，由有漏性，不能持故。説名非善，由無漏性，決定能持，是善性故。彼漏非是淨法，此離於漏法，即是清淨法。故曰彼法若有漏法故，名非善法，以無有漏法故，是故名爲善法，以決定無漏善法故。猶云「君子人與？君子人也」〔二〕。彌勒菩薩偈曰：「有無上方便，及離於漏法。是故非淨法，即是清淨法。」〔三〕故修證平等性者，雖非淨法，然修而無修，證而無證，即無有少法可得，故謂之曰清淨也。

溈山一日指田問仰山曰：「這丘田，那頭高，這頭低。」仰曰：「卻是這頭高，那頭低。」溈曰：「你若不信，向中間立，看兩頭。」仰曰：「不必立中間，亦莫住兩頭。」溈曰：「若如是，著水看，水能平物。」仰曰：「水亦無定，但高處高平，低處低平。」溈便休〔四〕。甚矣，證平等之難也！住兩頭則不平，立中間則不平，以水能平，物則不平。乃至無有少法則平，高也平，低也平，惟如是見得，足知自他同一涅槃性海也。

【箋注】

〔一〕見玄奘譯大般若波羅蜜多經卷五百七十七第九能斷金剛分。

〔二〕見論語泰伯：「曾子曰：『可以托六尺之孤，可以寄百里之命，臨大節而不可奪也。君子人與？君子人也。』」朱熹註：「與，疑辭。也，决辭。設爲問答，所以深著其必然也。」

〔三〕見金剛般若波羅蜜經論卷下，釋曰：「此明何義？彼菩提處無有一法可證，名爲阿耨多羅三藐三菩提。如經『世尊，無有少法如來得阿耨多羅三藐三菩提法』故。彼復有何義？偈言『法界不增減』，不增減者，是法平等，是故名無上，以更無上上故。」

〔四〕見五燈會元卷九袁州仰山慧寂通智禪師。又見聯燈會要卷八袁州仰山慧寂禪師等。

二十斷所説無記非因疑

此疑從上修善法而來，如云修一切善法則得菩提者，是善法攝，非無記攝也。若前所云持説四句偈等，但以名、句、文三者無記性攝，無記性法中無因果故，豈有能得菩提之理耶？爲遣此疑，故經云：

「須菩提，若三千大千世界中所有諸須彌山王，如是等七寶聚，有人持用布施，若人以此般若波羅蜜經，乃至四句偈等，受持、讀誦、爲他人説，於前福德，百分不及一，千萬億分，乃至算數譬喻所不能及。

傅大士頌曰：「施寶如沙數，唯成有漏因。不如無我觀，了妄乃名真。欲證無生忍，要假離貪瞋。人法知無我，逍遥出六塵。」

通曰：較量寶施何啻再三，而此又舉之，以破無記非因之疑。謂修一切善法，不著於相，是爲菩提因，固矣。然佛所説法，皆自無漏善性中流出，離言説相而持説者，實能示菩提之因，此可見般若之妙。不但一切善法以離相故而證菩提，雖文字無記性法，亦以無相故而證菩提也，此豈寶施如沙，成有漏因者可及哉？故佛舉三千大千世界，一世界中有一須彌山王，高廣無量，而七寶聚積，與之齊等，有人持此布施，福德可謂多矣。若人以此無相無住般若波羅蜜經，乃至四句偈等，以之受持，自利也，以之演説，利他也。此於經中所詮真理，因之悟解起行，能趣菩提，由非離此能得菩提，故知藉斯菩提方契，故此宣説法寶量等虛空，不可思議，於前無數寶施福德，不啻千百萬億倍，算數譬喻皆不能及。彌勒菩薩偈曰：「雖言無記法，而説示彼因。是故一法寶，勝無量珍寶。數力無似勝，無似因亦然。一切世間法，不可得爲喻。」〔一〕謂是算、勢、類、因四種差别〔二〕，無有其喻能比況者。一者數勝，乃至算數所不能及。二者勢勝，如强弱力不相並。三者類勝，如貴賤人不相似。四者因勝，言彼不可與此爲因。持説之功德若是，可不益勤精進勇猛心哉？

昔香至王施無價寶珠於二十七祖般若多羅尊者，祖以所施珠問三王子曰：「此珠圓明，有能及否？」第一王子、第二王子皆曰：「此珠七寶中尊，固無踰也，非尊者道力，孰能受之。」第三王子曰：「此是世寶，未足爲上，於諸寶中，法寶爲上。此是世光，未足爲上，於諸光中，智光爲上。此是世明，未足爲上，於諸明中，心明爲上。此珠光明，不能自照，要假智光，光辨於此。既辨此已，即知是珠，既知是珠，即明其寶。若明其寶，寶不自寶；若辨其珠，珠不自珠。珠不自珠者，要假智珠以辨世珠；寶不自寶者，要假智寶以明法寶。然則師有其道，其寶即現，衆生有道，心寶亦然。」祖歎其辨慧，乃復問曰：「於諸物中，何物無相？」曰：「於諸物中，不起無相。」又問：「於諸物中，何物最大？」曰：「於諸物中，法性最大。」祖知是法嗣，以如來正法眼付之〔三〕。後六祖亦曰：「乘船永世求珠，不知身是七寶。」〔四〕是二祖師，深明法寶非世寶可及。

【箋注】

〔一〕見金剛般若波羅蜜經論卷下，釋曰：「此説何等義？示於前福德，此福爲勝。云何爲勝？一者數勝，二者力勝，三者不相似勝，四者因勝。」

〔二〕四種差別：見無著菩薩造、義淨譯能斷金剛般若波羅蜜多經論頌：「於諸算、勢、類，因亦有差殊。尋思於世間，喻所不能及。」

〔三〕見景德傳燈録卷二第二十七祖般若多羅。又見五燈會元卷一二十七祖般若多羅尊者等。此第三王子即西天禪宗第二十八祖、中國禪宗初祖菩提達摩。

〔四〕此語出自明洪蓮編金剛經註解卷四。

二十一斷平等云何度生疑

此疑從第十九疑中「是法平等」而來。功德施論曰：「是法平等，無有高下，即無衆生可度。若如來説非衆生者，云何不與餘教相違？如有經言：無量衆生以得我爲善知識故，生等諸苦並皆解脱。」既度衆生，即有高下，何爲平等？爲遣此疑，故經云：

「須菩提，於意云何？汝等勿謂如來作是念，我當度衆生。須菩提，莫作是念。何以故？實無有衆生如來度者。若有衆生如來度者，如來則有我、人、衆生、壽者。須菩提，如來説有我者，即非有我，而凡夫之人以爲有我。須菩提，凡夫者，如來説即非凡夫，是名凡夫。」

通曰：此疑雖以平等而疑度生，實以度生而顯平等也。彌勒菩薩偈曰：「平等真法界，佛不度衆生。以名共彼陰，不離於法界。」夫一真法界之中，五蘊皆空，聖名凡號，一無所有。衆生待蘊而成，既無五蘊，即無衆生。衆生名且無，何從而度之？故實無衆生得滅度者，是真證平等法界性也。

刊定記曰：「『於意云何』五句，遮其錯解也。『何以故』二句，示其正見也。」徵意云：「以何義故，令不作是念？」釋意云：「以實無衆生爲如來所度故。」一真法界，原自平等。佛是極證之人，已全是法界。衆生雖未得證，然緣生無體，亦同法界，豈可將法界度於法界？故無衆生如來度也。若實有衆生異於如來爲所度者，此則不如法界，不了緣生，便有我、人、衆生、壽者等相。爾餒未忘，名爲我取，如來無是也。彌勒菩薩偈曰：「取我度爲過，以取彼法是。取度衆生故，不取彼應知。」〔一〕「彼」即指上四相也。如來何以無我取耶？如來所説有我者，無體性義，即爲非我，本自無我，又安所取？故無我、人、衆生、壽者等相，無體可得故。若如來取有衆生爲我度者，此即是取相之過，以著彼五陰法是衆生故，即與我執過同。欲令衆生得解脱者，有如是相，故不應取，既無我執，何用更言不取耶？以諸凡夫顛倒妄取，執爲有我，不能解脱，故説妄取有我。是凡夫之人，未爲聖者，不能生聖法，故名凡夫也。彼凡夫各封於我，差别而生，名凡夫生。然第一義中，更無凡夫可得，但以世俗言説，名凡夫生耳。以上展轉拂迹，謂如來本來無我，但凡夫執之爲我，故説無我法以度凡夫。究竟凡夫亦本無我，不但無我，且無凡夫。如夢人見虎，虎與夢人皆不可得，何處更有衆生可度耶？前後四處，皆説度而無度。最初令離我度生，十一疑能度者是我，十四疑無我而誰度，此疑真界平等，不合度生。至是發明實無衆生得滅度者，極詳且著矣。

溈山餧鵶〔二〕生飯，回頭見仰山。曰：「今日爲伊上堂一上。」仰曰：「某甲隨例得聞。」溈曰：「聞底事作麽生？」仰曰：「鵶作鵶鳴，鵲作鵲噪。」溈曰：「爭柰聲色何？」仰曰：「和尚適來道甚麽？」溈曰：「我祇道爲伊上堂一上。」仰曰：「爲甚麽喚作聲色？」溈曰：「雖然如此，驗過也無妨。」仰曰：「大事因緣，又作麽生驗？」溈豎起拳。仰曰：「終是指東畫西。」溈曰：「子適來問甚麽？」仰曰：「問和尚大事因緣。」溈曰：「爲甚麽喚作指東畫西？」仰曰：「爲著聲色故，某甲所以問過。」溈曰：「並未曉了此事。」仰曰：「如何得曉了此事？」溈曰：「寂子聲色，老僧東西。」仰曰：「一月千江，體不分水。」溈曰：「應須與麽始得。」仰曰：「如金與金，終無異色，豈有異名？」溈曰：「作麽生是無異名底道理？」仰曰：「瓶盤釵釧券盂盆。」溈曰：「寂子説禪，如師子吼，驚散狐狼野干之屬。」〔三〕於此明得無異名底道理，方知「以名共彼陰，不離於法界」是最上第一義。

【箋注】

〔一〕見金剛般若波羅蜜經論卷下，釋曰：「此義云何？衆生假名與五陰共故。彼名共陰，不離於法界，偈言『不離於法界』故，彼法界無差別故。若如來有如是心，五陰中有衆生可度者，此是取相過，以著彼法故。」

〔二〕餧鴉：「餧」，通「餵」；「鴉」，通「鵶」。此則公案借溈山禪師施食於烏鵶之事，明度生而無生可度之理。

〔三〕見五燈會元卷九袁州仰山慧寂通智禪師。又見聯燈會要卷八袁州仰山慧寂禪師等。「寂子」指仰山，法號慧寂。

二十二斷以相比知真佛疑

此疑從第十七疑中「如來不應以色身諸相見」而來。前文云「即非具足色身」，又云「是名具足色身」，既云「即非諸相具足」，又云「是名諸相具足」，彼中意者，法身畢竟非相好，相好亦非不佛，由無相故現相，不離法身。所以疑云：既無相故方能現相，則但見於相，便知無相也。法身既不離於色相，則知法身爲福相成就，似可比類而知。爲遣此疑，故經云：

「須菩提，於意云何？可以三十二相觀如來不？」須菩提言：「如是，如是，以三十二相觀如來。」佛言：「須菩提，若以三十二相觀如來者，轉輪聖王則是如來。」須菩提白佛言：「世尊。如我解佛所説義，不應以三十二相觀如來。」爾時，世尊而説偈言：「若以色見我，以音聲求我。是人行邪道，不能見如來。

唐譯云：佛告善現：「於汝意云何？可以諸相具足觀如來不？」善現答言：「如我解佛所説義，不應以諸相具足觀於如來。」佛言：「善現，善哉，善哉！如是，如是，如汝所説，不應以諸相具足觀於如來。善現，若以諸相具足觀如來者，轉輪聖王應是如來。是故不應以諸相具足觀於如來，如是應以諸相非相觀於如來。」爾時世尊而説偈曰：「諸以色觀我，以音聲尋我。彼生履邪斷，不能當見我。應觀佛法性，即導師法身。法性非所識，故彼不能了。」〔一〕

傅大士頌曰：「涅槃含四德，唯我契真常。齊名八自在〔二〕，獨我最靈長。非色非聲相，心識豈能量？看時不可見，悟理即形彰。」

通曰：上言平等法界，無佛無衆生之謂也。如來説凡夫即非凡夫，已無衆生相可得，雖無衆生，豈無如來乎？然諸相即如來所現，所謂無相而相也；諸相即不離法身，所謂相而無相也。既可以無相顯相，亦可以相顯無相，比類而觀，似可以相知佛。不知諸相無性，非真實法體，故不可以比觀。而真實法性，不但離於聲色，亦且遠於知見，將何從而觀之？故知所謂「我」者，即涅槃四德之「我」，本非所識，識且不能，安見其有？此併其度衆生之我而無之也。秦譯偈四句，但離聲色之我耳；唐譯後四句，乃離知見之法身也。合而觀之，其義始足。又須菩提言「如是，如是，以三十二相觀如來」，與前所答相左，不知唐譯省之爲是。

刊定記曰：「於意云何」二句，謂可以相比觀無相法身如來否？「須菩提言」三句，謂法身既流出相身，即由此相知佛證得無相法身。「佛言」三句，難聖凡不分也，謂輪王亦有此相，應是如來，則色身相不可比知如來矣。且輪王與佛，色相雖同，相之所依，一一各有異。佛相即法身所現，王相依業因而生，凡聖雲泥，復何準的？彌勒菩薩偈曰：「非是色身相，可比知如來。諸佛唯法身，轉輪王非佛。非相好果報，依福德成就。而得真法身，方便異相故。」〔三〕「須菩提白佛言」四句，悟佛不可以相見也。意云：緣聞依真現假，假不離真，及乎約假求真，真不由假。彼依福德而成就者，是果報身，非真法身。由此言之，福德力但能成是相，而福德力不能得大菩提，佛固不可以相見也。「爾時世尊」五句，即見聞所不能及也。真如法身非是識境，離一切相及言説故，但是真智之境，乃能證知，所以色見聲求者不知佛也。華嚴云：「色身非是佛，音聲亦復然。」又云：「不了彼真性，是人不見佛。」〔四〕即此謂也。彌勒菩薩偈曰：「唯見色聞聲，是人不知佛。以真如法身，非是識境故。」〔五〕功德施論曰：以色見我等，其義云何？謂有見光明相好，言見於佛。及有聽受經等文字，言我隨逐而得如來。彼於相好身及言説身攀緣修習，爲除此見，故曰「是人行邪道，不能見如來」。色及文字性非真實，於中取著，是邪道故。行於此道，何能見佛？云何見耶？經云：「如來法爲身，但應觀法性。」法性者，所謂空性、無自性、無生性等，此即諸佛第一義身，若見於此，名爲見佛。攀緣法性將非取著？以淨智心了知法性，法性豈是所了知耶？是故經言：「法性非所見，彼亦不能知。」如有經言：「一切法性，猶如虛空等，與衆物爲所依止，而其體性非是有物，亦非無物。」能於中寂然無知，名爲了知。故名爲知者，但隨世俗言説故〔六〕。功德施解後四句極詳，最宜玩味。

昔馬祖在衡嶽山，常習坐禪。南嶽讓禪師知是法器，往問曰：「大德坐禪，圖甚麼？」祖曰：「圖作佛。」師乃取一磚，於彼庵前石上磨。祖曰：「磨作甚麼？」師曰：「磨作鏡。」祖曰：「磨磚豈得成鏡？」師曰：「磨磚既不成鏡，坐禪豈得成佛？」祖曰：「如何即是？」師曰：「如牛駕車，若車不行，打車即是？打牛即是？」祖無對。師又曰：「汝學坐禪，爲學坐佛。若學坐禪，禪非坐卧。若學坐佛，佛非定相。於無住法，不應取捨。汝若坐佛，即是殺佛。若執坐相，非達其理。」祖聞示誨，如飲醍醐，禮拜問曰：「如何用心，即合無相三昧？」師曰：「汝學心地法門，如下種子，我説法要，譬彼天澤。汝緣合故，當見其道。」又問：「道非色相，云何能見？」師曰：「心地法眼，能見乎道。無相三昧，亦復然矣。」祖曰：「有成壞否？」師曰：「若以成壞聚散而成道者，非見道也。聽吾偈曰：『心地含諸種，遇澤悉皆萌。三昧華無相，何壞復何成？』」祖蒙開悟，心意超然〔七〕。雲門垂語云：「人人盡有光明在，看時不見暗昏昏。作麽生是諸人光明？自代云：厨庫三門。」又云：「好事不如無。」雪竇云：「自照列孤明，爲君通一線。花謝樹無影，看時誰不見。見不見，倒騎牛兮入佛殿。」〔八〕合二則觀之，無相三昧，雖以心地法眼能見，然見而不見，如倒騎牛，乃可觀於如來也。

【箋注】

〔一〕見玄奘譯大般若波羅蜜多經卷五百七十七第九能斷金剛分。

〔二〕八自在：如來法身具足八種大自在。又稱八大自在我、八變化、八神變。即：一、能示一身爲多身；二、示一塵身滿大千界；三、大身輕舉遠到；四、現無量類常居；五、諸根互用；六、得一切法無得想；七、説一偈義，經無量劫；八、身遍諸處，猶如虚空。

〔三〕見金剛般若波羅蜜經論卷下，釋曰：「此義云何？有人言：福德能成是相果報，以成是相故，則知福德力得大菩提。若如是，如來則以相成就得阿耨多羅三藐三菩提。爲遮此故，如經『若以相成就觀如來者，轉輪聖王應是如來』。是故非以相成就得見如來故。」

〔四〕見唐實叉難陀譯大方廣佛華嚴經卷二十三：「色身非是佛，音聲亦復然。亦不離色聲，見佛神通力。」卷十六：「佛離一切相，非彼所能見。迷惑無知者，妄取五藴相。不了彼真性，是人不見佛。了知一切法，自性無所有。如是解法性，則見盧舍那。」

〔五〕見金剛般若波羅蜜經論卷下，釋曰：「此示何義？如來法身不應如是見聞。不應如是見聞者，不應如是見色聞聲。以何等人不能見？謂凡夫不能見故。偈言『唯見色聞聲，是人不知佛』故。」

〔六〕見金剛般若波羅蜜經破取著不壞假名論卷下。於「若以色見我」偈後增「如來法爲身，但應觀法性。法性非所見，彼亦不能知」四句。

〔七〕見景德傳燈録卷五南嶽懷讓禪師。又見五燈會元卷三南嶽懷讓禪師等。

〔八〕見佛果圜悟禪師碧巖録卷九第八十六則。圓悟垂示云：「明眼漢没窠臼，有時孤峰頂上草漫漫，有時鬧市裏頭赤灑灑。忽若忿怒那吒，現三頭六臂。忽若日面月面，放普攝慈光。於一塵現一切身，爲隨類人，和泥合水。忽若撥著向上竅，佛眼也覷不著。設使千聖出頭來，也須倒退三千里。」

金剛般若波羅蜜經宗通卷七

二十三斷佛果非關福相疑

此疑從上「不應以相觀如來」而來。同一三十二相也，在佛則謂之佛果，在輪王則謂之福相，既果位不同，但當修慧，不必修福，似不必具丈夫相而證菩提也。如是修行，諸菩薩則失功德，及失果報。爲遣此疑，故經云：

「須菩提，汝若作是念，如來不以具足相故，得阿耨多羅三藐三菩提。須菩提，莫作是念，如來不以具足相故，得阿耨多羅三藐三菩提。須菩提，汝若作是念，發阿耨多羅三藐三菩提心者，說諸法斷滅。莫作是念，何以故？發阿耨多羅三藐三菩提心者，於法不説斷滅相。須菩提，若菩薩以滿恒河沙等世界七寶持用布施，若復有人，知一切法無我，得成於忍，此菩薩勝前菩薩所得功德。何以故？須菩提，以諸菩薩不受福德故。」須菩提白佛言：「世尊，云何菩薩不受福德？」「須菩提，菩薩所作福德，不應貪著，是故説不受福德。

通曰：須菩提一向解空，一向謂不應以三十二相觀如來。佛即印可之曰：若以相觀者，輪王亦應是佛。而又申之以偈曰：色見聲求，是行邪道。所爲破相之談，可謂極矣。若執著破相爲是，即類偏空，即至斷滅因果。若發菩提心者，智悲雙運，應不如是。雖不藉福德而證菩提，亦不失福德而昧因果，但於福德無取著耳。唯其有而不受，因爲淨因，果爲淨果，所得三十二相，自與輪王福相不同也。

刊定記曰：「汝若作是念」八句，遮毁相之念，意云：汝若謂如來不以具足相故得菩提，莫作是念。文勢似重，意實不重，但前叙後遮也。「汝若作是念」五句，出毁相之過，蓋定有則著常，定無則著斷，今若作無相解，正當斷見。斯則於果損福德莊嚴，於因損五度之行，壞俗諦也。諸法斷滅，是二乘偏空見解，無有菩薩見法斷故。何以故？以生故即有斷，一切法是無生性，所以遠離常、斷二邊，遠離二邊〔一〕，是法界相。故發無上菩提心者，要與法界相應，必依悲智行願，作利益衆生事，不説諸法斷滅相也。彌勒菩薩偈曰：「不失功德因，及彼勝果報。」惟諸法不可斷滅，故智慧莊嚴、功德莊嚴皆能有所成就。何以明其得勝果耶？若菩薩以恒河沙等世界七寶持用布施，所得世間福德固不可量。若復有人知一切法無我，即無我等相，得成於忍。無我者，人無我、法無我也，得此二空，更不復生，名之爲忍。既得無生法忍〔二〕，所修福德，清淨無垢，視彼住相行施，墮於有漏者，不啻百千萬億倍，故曰「勝前菩薩所得功德」。彌勒菩薩偈曰：「得勝忍不失，以得無垢果。」唯無我能趨無上菩提，故稱爲勝。若一切法無生者，所有福德皆應斷絶，云何而有福德生耶？「以諸菩薩不受福德故」，明不受故不失福也。然不受者，不著生死故，若住生死，即受福德，非第一義中有福可取故。「云何菩薩不受福德」耶？釋意云：菩薩作福，若生貪著，則因既有漏，果亦有漏，凡所招報，是可厭故。當知彼取，即是越取〔三〕，此則因果俱失，成其所疑。今所作福，不生貪著，則因既無漏，果亦無漏，此福德無報，無彼有漏報故。如是取者，非爲越取，云何疑其失因及果耶？彌勒菩薩偈曰：「示勝福德相，是故説譬喻。是福德無報，如是受不取。」〔四〕福德未嘗不作，以俗諦故；既作不應貪著，以第一義諦故。所以諸法不應斷滅也，然則佛果與福相，又何礙之有。

僧問雲巖晟禪師：「二十年在百丈巾缾，爲甚麼心燈不續？」巖云：「頭上寶花冠。」僧云：「頭上寶花冠，意旨如何？」巖云：「大唐天子及冥王。」僧問九峰虔禪師：「大唐天子及冥王，意旨如何？」峰云：「卻憶洞上之言。」丹霞頌云：「玉鞭高舉擊金門，引出珊瑚價莫論。迴古輪王全意氣，不彰寶印自然尊。」〔五〕

又，僧問長沙岑禪師：「本來人還成佛否？」沙云：「你道大唐天子還割茆刈艸否？」投子頌曰：「苔殿重重紫氣深，星分辰位正乾坤。金輪不御閻浮境，豈並諸侯寶印尊。」〔六〕由二則觀之，輪王之福德已超出諸侯之上，而況如來福德超出輪王之上者乎？既已無我，得成於忍，自不爲割茆刈艸事，所以不受福德爲至福也。

【箋注】

〔一〕二邊：指離開中道之兩極端，佛經中所説「二邊」或指有、無，或指常、斷，或指增益、損減，或指空、假。執著於此，皆屬二邊。參看中論卷四、止觀輔行卷三等。

〔二〕無生法忍：佛教指觀諸法無生無滅之理而忍可安住，又作無生忍。如大智度論卷五十謂：「無生法忍者，於無生滅諸法實相中，信受通達，無礙不退，是名無生忍。」大乘義章卷十二謂：「從境爲名，理寂不起，稱曰無生；慧安此理，名無生忍。」

〔三〕越取：出自義淨譯能斷金剛般若波羅蜜多經論釋卷下：「其福不失亡，果報不斷絶。得忍亦不斷，以獲無垢故。更論於福因，爲此陳其喻。彼福無報故，正取非越取。」「越」爲僭越意。

〔四〕見金剛般若波羅蜜經論卷下，釋曰：「此義云何？雖不依福德得真菩提，而不失福德及彼果報。何以故？以能成就智慧莊嚴、功德莊嚴故。有人起如是心：諸菩薩摩訶薩得無生法忍，以得出世間智，失彼福德及以果報。爲遮此故，示現福德不失，而更得清淨殊勝功德，是故不失，偈言『是福德無報，如是受不取』故。此義云何？取者，彼福德得有漏果報，以有漏果報故，彼福德可訶，如是取者名之爲取，如取非道故。此福德無報，無報者，無彼有漏報，是故此福德受而不取。」

〔五〕見林泉老人評唱丹霞淳禪師頌古虚堂集卷一第九則雲巖巾緋。

〔六〕見林泉老人評唱投子青和尚頌古空谷集卷二第十九則僧問長沙。

二十四斷化身出現受福疑

此疑從上不受福德而來。功德施論曰：若第一義無福可取，何故餘經作如是説：如來福智，資糧圓滿，坐菩提座，趣於涅槃？爲遣此疑，故經云：

「須菩提，若有人言，如來若來若去，若坐若卧。是人不解我所説義。何以故？如來者，無所從來，亦無所去，故名如來。」

通曰：如來既不可以色相觀，又不可以斷滅説，爲其不住生死，不住涅槃，常從真如而來度生故。然涅槃無有真實處所而至於彼，名之爲去；生死亦無真實處所而從彼出，名之爲來。不去不來，是如來義，故執相求之不可，離相求之亦不可。當知化身出現，現而未嘗現也，果中原無受用，因中豈有受取耶？

刊定記曰：若人言如來出現而來，入滅而去，住於世間，若坐若卧，皆不解我所説義。以何義故名爲如來耶？以真佛本來無來去故。去來，化身佛也，如來即是法身，本來不動。若如來有去來差別，即不得言常如是住。常如是住者，不變不異故。彌勒菩薩偈曰：「去來化身佛，如來常不動。」此非異而異也。或問曰：「既無佛來去，何以出現受福，爲衆生受用耶？」答曰：「此由衆生心水清淨，則見佛來，來無所從；心水垢濁，則見佛去，去無所至。是佛任運無心，但隨衆生所見耳。尚無出現之佛，寧有受福之事哉？」彌勒菩薩偈曰：「是福德應報，爲化諸衆生。自然如是業，諸佛現十方。」〔一〕如餘經言：應物現形，如水中月，水中之形有去來，而月常不動也。

陸亘大夫問南泉曰：「弟子家中有一片石，有時坐，有時卧，欲鐫作佛得否？」泉云：「得。」陸云：「莫不得否？」泉云：「不得。」雲巖云：「坐則佛，不坐則非佛。」洞山云：「不坐則佛，坐則非佛。」天童拈云：「轉功就位，轉位就功。還他洞上父子，且道南泉意作麼生？直是針錐不得。」五祖演云：「大衆！夫爲善知識，須明決擇。爲什麼他人道得也道得，他人道不得也道不得，還知南泉落處麼？白雲不惜眉毛，與汝註破，得又是誰道來？不得又是誰道來？汝若更不會，老僧今夜爲汝作箇様子。」乃舉手云：「將三界二十八天〔二〕作箇佛頭，金輪水際〔三〕作箇佛脚，四大神州〔四〕作箇佛身。雖然作此佛兒子了，汝諸人卻在那裏安身立命？大衆還會也未？老僧作第二箇様子去也，東弗于逮作一箇佛，南贍部洲作一箇佛，西瞿耶尼作一箇佛，北鬱單越作一箇佛。草木叢林是佛，蠢動含靈是佛，既恁麼，又喚甚麼作衆生？還會也未？不如東弗于逮，還他東弗于逮。南贍部洲，還他南贍部洲。西瞿耶尼，還他西瞿耶尼。北鬱單越，還他北鬱單越。草木叢林，還他草木叢林。蠢動含靈，還他蠢動含靈。所以道：是法住法位，世間相常住。既恁麼，汝唤甚作佛？還會麼？忽有箇漢出來道：白雲休竊〔五〕語！大衆記取這一轉。」〔六〕以上諸尊宿，於本源自性天真佛，各出手眼，互爲鑽研。若於此參透，方名見如來也。

【箋注】

〔一〕見金剛般若波羅蜜經論卷下，釋曰：「此義云何？明諸佛化身有用，彼法身諸佛，不去不來故。若如來有去來差別，即不得言常如是住。常如是住者，不變不異故。」

〔二〕三界二十八天：據天台四教儀集註卷中，三界指欲界、色界、無色界，佛教謂迷妄之有情衆生生滅變化、輪迴流轉之處。欲界有六天，即四王天、忉利天、夜摩天、兜率天、樂變化天、他化自在天；色界有十八天，即梵衆天、梵輔天、大梵天、少光天、無量光天、光音天、少淨天、無量淨天、偏淨天、無雲天、福生天、廣果天、無想天、無煩天、無熱天、善見天、善現天、色究竟天；無色界有四天，即空無邊處、識無邊處、無所有處、非想非非想處。

〔三〕金輪水際：佛教認爲有風、水、金三種輪圍構成器世界。據大毗婆沙論卷一三三、俱舍論卷十一等典籍記載，風輪又稱風界，器世界成立之初，由有情之共業力，依止虚空，而生於最下。水輪又稱水界，以有情之業增上力，起大雲雨，澍於風輪之上，積水而成。金輪又稱金性地輪、地輪、地界。由有情之業力，搏擊水輪，於其上結成金。亦有佛典加上

「空輪」而成「四輪」之説。

〔四〕四大神州：佛教世界觀認爲須彌山位於此世界之中央，其四方有四個大洲，又稱四大部洲、四大洲、四天下等，其名分别爲：東勝身洲，又稱東弗婆提、東毗提訶、東弗於逮；南贍部洲，又稱南閻浮提；西牛貨洲，又稱西瞿耶尼；北俱盧洲，又稱北鬱單越。參看翻譯名義集卷三世界篇第二十七。

〔五〕寱：同「囈」，夢話。

〔六〕以上公案與評唱見萬松老人評唱天童覺和尚拈古請益録卷一第五十則陸亘坐卧。

二十五斷法身化身一異疑

此疑從上法無斷滅、法無去來而來。功德施論曰：若生死涅槃不可得，故無去來者，如來豈如須彌山等積聚一合而安住耶？爲遣此中是一是常、無分有分一合見故。言微塵衆多者，遣無分一合見也；非微塵衆者，遣有分一合見也。是名微塵衆者，我非有分，物執之爲衆，復爲遣積聚見也。故經云：

「須菩提，若善男子、善女人，以三千大千世界碎爲微塵，於意云何？是微塵衆寧爲多不？」「甚多，世尊。何以故？若是微塵衆實有者，佛則不説是微塵衆。所以者何？佛説微塵衆，即非微塵衆，是名微塵衆。世尊，如來所説三千大千世界，即非世界，是名世界。何以故？若世界實有者，則是一合相。如來説一合相，即非一合相，是名一合相。」「須菩提，一合相者，即是不可説，但凡夫之人貪著其事。」

傅大士頌曰：「界塵何一異，報應亦同然。非因亦非果，誰後復誰先？事中通一合，理則兩俱捐。欲達無生路，應當識本源。」

通曰：不應以相見如來，似與化異；於法不説斷滅相，似與化一。化身有去來，而法身常不動，中間實無一異之相，故佛以法界明之。彼去來坐卧，即微塵相也。去來坐卧不離於法身，如彼微塵不離於法界也。法身現起去來坐卧，如世界碎爲微塵，不可謂異。煩惱盡而證於法身，如微塵碎而同於太虚，不可謂一。彼太虚空，非有以合之而後成，非有一性故也。彼微塵聚，非有以散之而後顯，非有異性故也。如來遠離煩惱障，住彼法界中，非一處住，亦非異處住，是不可思議境界，豈可言説？但凡夫執著事相，謂有分合可得。若見於實相者，一真平等法界，本自無生，誰爲去來？誰爲不動？但可謂之如來而已。

刊定記曰：初「須菩提」至「貪著其事」，約塵界以破一異。以「三千大千」五句，標塵一異以顯無性。言世界者，喻法身也；微塵者，喻應身也。世界一也，微塵異也，碎界作塵，塵無異性，合塵爲界，界無一性。故彌勒菩薩偈曰：「去來化身佛，如來常不動。於是法界處，非一亦非異。」「何以故」至「是名微塵」，此釋微塵，喻應身無異性也。若知碎世界作微塵，微塵全是世界，則塵無實性，故曰「則非微塵」，非實微塵也；以離性計而説微塵，是空微塵也，故曰「是名微塵」。此喻全法起應，應即是法，何異性之有？「世尊」至「貪著其事」，此釋世界，喻法身無一性也。若知微塵爲世界，非唯所起微塵是空微塵，抑亦能起世界是空世界。夫世界全是微塵，則世界無實性，故曰「則非世界」；以離性計而説世界，故曰「是名世界」。彌勒菩薩偈曰：「世界作微塵，此喻示彼義。微塵碎爲末，示現煩惱盡。非聚集故集，非唯是一喻。聚集處非彼，非是差別喻。」〔一〕非微塵有性合成世界，故曰非一；非世界有性散爲微塵，故曰非異。徵意云：以何義故説世界耶？釋意云：世界若實有者，則是一合相。今所云一合相者，一之而不二，合之而不分，乃衆塵和合爲一世界，作此見者即爲非見，於非有中而妄見故。故如來説非一合相，是空無離性，名之一合者，但俗諦言説，非真實有，故曰是名一合相也。此一合相，無體可説，第一義中，一切諸法本性無生，無生故不可得，不可得故離於言説。但爲凡夫不了，執之爲實，貪著其相，於中妄取，猶彼小兒如言執物。彌勒菩薩偈曰：「但隨於音聲，凡夫取顛倒。」若無取著，即不落於事相。此喻全應是法，法不離應，何一性之有？法不離應，應不離法，故知如來非一處住，亦非異處住也。

金海光如來解曰：世界者，如來自説盧舍那佛〔二〕住持三千大千世界，身上化生菩提之樹，號蓮華藏世界，不説窒礙世界也。一合相者，一切衆生身中佛性，與盧舍那法身是一合相也。頌曰：「如來自説蓮花藏，負荷三千擐大千。菩薩了空歸一合，凡夫貪著被魔纏。」此解亦翻騰可玩。

昔秦跋陀禪師問生法師：「講何經論？」生曰：「大般若經。」師曰：「作麼生説色、空義？」曰：「衆微聚曰色，衆微無自性曰空。」師曰：「衆微未聚，唤作甚麼？」生罔措。又問：「别講何經論？」曰：「大涅槃經。」師曰：「如何説涅槃義？」曰：「涅而不生，槃而不滅，故曰涅槃。」師曰：「這箇是如來涅槃，那箇是法師涅槃？」

曰：「涅槃之義，豈有二耶？某甲祇如此，未審禪師如何説涅槃？」師拈起如意，曰：「還見麽？」曰：「見。」師曰：「見箇甚麽？」曰：「見禪師手中如意。」師將如意擲於地，曰：「見麽？」曰：「見。」師曰：「見箇甚麽？」曰：「見禪師手中如意墮地。」師斥曰：「觀公見解，未出常流，何得名喧宇宙？」拂衣而去。其徒懷疑不已，乃追師扣問：「我師説色空涅槃不契，未審禪師如何説色空義？」師曰：「不道汝師説得不是，汝師祇説得果上色空，不會説因中色空。」其徒曰：「如何是因中色空？」師曰：「一微空故衆微空，衆微空故一微空。一微空中無衆微，衆微空中無一微。」〔三〕至哉言乎！須於此透入，方信得平等法界非一非異真切處。

【箋注】

〔一〕見金剛般若波羅蜜經論卷下，釋曰：「此明不去不來義故，若如來有去來差別，即不得言常。彼諸佛如來，於真如法界中，非一處住，亦非異處住。爲示此義故，説世界碎微塵喻。此喻示現何義？偈言『微塵碎爲末，示現煩惱盡』故。如是諸佛如來，遠離煩惱障，住彼法界中，非一處住，亦非異處住。」

〔二〕盧舍那佛：又作盧遮那佛，梵文音譯，基本含義爲光明徧照，即内以智光照真法界，外以身光照應衆生。佛教各宗説法不一，如華嚴宗以盧舍那乃毗盧舍那之略稱，爲報身佛，乃華嚴經所説蓮華藏世界之教主。而天台宗則以毗盧遮那爲法身佛，以盧舍那爲報身佛，以釋迦牟尼爲應身佛。此處所言乃據華嚴宗觀點。

〔三〕見五燈會元卷二西天東土應化聖賢之秦跋陀禪師。又見聯燈會要卷二十九等。陀禪師全稱佛陀跋陀羅或浮馱跋陀，後秦時來華之印度僧人。生法師爲晉宋間義學高僧道生。

「須菩提，若人言，佛説我見、人見、衆生見、壽者見。須菩提，於意云何？是人解我所説義不？」「不也，世尊，是人不解如來所説義。何以故？世尊説我見、人見、衆生見、壽者見，即非我見、人見、衆生見、壽者見，是名我見、人見、衆生見、壽者見。」「須菩提，發阿耨多羅三藐三菩提心者，於一切法，應如是知，如是見，如是信解，不生法相。須菩提，所言法相者，如來説即非法相，是名法相。

通曰：須菩提前説「我相即是非相」，乃至「壽者相即是非相」，「離一切相則名諸佛」，世尊既印可之矣，何爲又有此叮嚀也？前但破相，此乃破見。見相略有淺深，故重破之也。彼證悟了覺爲四相，如圓覺所説，未嘗不是四見，但能不作是見者，猶是法相見也。始而有人我相者，則非菩薩，既而通達無我法者，是名菩薩，猶有遣我見在。今細查考四見本無，又何用遣？此乃最上般若，不可不如是知見信解也。如是知，知不離真如；如是見，見不離真如；如是信解，解不離真如。一真平等，分別不生，豈但界塵一異之相了不可得，即貼體微細法相亦自不生，其斯爲無住真際乎！

刊定記曰：「若人言佛説」以下，遣除我法，以顯本寂也。意云：前凡夫貪著其事，所緣一異之境，由有能緣我法見心也。見心不破，一異分別不除，故今破之，令除分別，入聖道也。彌勒菩薩偈曰：「非無二得道，遠離於我法。」謂非無人、法俱空二智而能得道者，須遠離我法四相而後可也。「佛説我見」至「是名我見」，先明離我見也。若人謂佛真實説有我、人等見者，斯則謬解，故云「不解如來所説義」也。以何義故，説爲不解耶？佛説我、人等見者，非實我、人等見，但是假名我、人等見耳。夫真如性中，原無所見，佛本欲顯示無見之真，故説我、人等見，以明皆空無實，由衆生不見真如，妄分別見耳。彌勒菩薩偈曰：「見我即不見，無實虛妄見。」見我即不見真如，若見真如，即遠離虛妄見矣。「發阿耨」以下，次明離法見也。意云：如來説法，要令衆生修行契理，故發菩提心者，即見於真如，於一切法，當如是知，如是見，如是信解。此三種，名依止方便不同。知，依奢摩他，即是定，由定起知；見，依毗鉢舍那，即是慧，由慧發見；解，依三摩提，即是定慧等持〔一〕。增上知見勝解，能緣真如，此即三昧方便也。由此三昧力，能不生法相。言不生法相者，不於法、非法有所取著，除分別見也。著於證悟了覺者，即是我相，不著於證悟了覺者，即是法相。「所言法相者」以下，正顯本寂意。所言法相，非實有之法相，是本無之法相也。勝義諦中，不容他故，離性離相，非和合故，但依俗諦，説名法相耳。性起爲相，相不離性故。如前喻金中無器，器不離金也。彌勒菩薩偈曰：「二智及三昧，如是得遠離。」〔二〕二智，即人無我、法無我。三昧者，即知、見、解也。如是乃能遠離我、人、衆生、壽者等見，不生法相。此一段文，雖正釋離於俱生法執，亦是總結降住正行，由經初善現請問「若人發無上菩提心者，應云何住，云何降伏其心」，如來答云「應如是住，如是降伏其心」。故今結云：「應如是知、見、信解，不生法相，此之謂降伏，此之謂無住也。」

傅大士一日披衲、頂冠、靸履見梁武帝。帝問：「是僧耶？」士以手指冠。帝曰：「是道耶？」士以手指靸履。帝曰：「是俗耶？」士以手指衲衣。古德頌云：「道冠儒履釋袈裟，合會三家作一家。忘卻率陀天上路，卻來雙樹待龍華。」〔三〕此渾身般若作用，了無法相可得，無住真宗，唯大士暴露殆盡。

【箋注】

〔一〕奢摩他、毗鉢舍那、三摩提：奢摩他，梵文音譯，禪定七名之一，意譯爲「止」或「定」，謂止息一切雜念；毗鉢舍那，又譯爲毗婆舍那，梵文音譯，意譯爲「觀」或「見」，謂觀照事理而生正見；三摩提，又譯爲三摩地、三昧等，梵文音譯，意譯爲「等持」「正定」，謂觀想凝照，智慧明朗，斷除一切煩惱而證得真理。此即天台宗「止觀法門」之要義。大般涅槃經卷四十：「善男子！汝勤精進修習二法：一奢摩他、二毘婆舍那。」

〔二〕見金剛般若波羅蜜經論卷下，釋曰：「此復何義？以見法相即不見相，如彼我見即非見故。何故此二見説名不見？偈言『此是微細障，見真如遠離』故。此復云何？彼見我見法，此是微細障。以不見彼二故，是以見法而得遠離。」

〔三〕見林泉老人評唱投子青和尚頌古空谷集卷三第四十則大士不起。謂王荊公請佛印作頌曰：「道冠儒履佛袈裟，和會三家作一家。忘卻率陀天上路，雙林癡坐待龍華。」傅大士在中國佛教中被視爲彌勒菩薩之化身。「率陀」即「兜率天」，又譯爲「兜率陀天」等，其內院爲彌勒菩薩之淨土，佛典謂彌勒將下降人間成佛，在華林園龍華樹下大開法會，普度人天，故稱「龍華會」。「雙林」，傅大士棲居於浙江義烏雲橫山，後捨宅建寺，因寺內有雙檮樹，故稱雙林寺，後改稱寶林寺。

二十六斷化身説法無福疑

此疑因上「真化非一非異」之喻而來。意云：若就非一，化唯虛假，若就非異，又唯冥合，歸一法身，即化身終無自體。若爾，則能説之佛既虛，所説之教豈實？持説不實之教，寧有福耶？爲遣此疑，故經云：

「須菩提，若有人以滿無量阿僧祇世界七寶持用布施，若有善男子、善女人發菩薩心者，持於此經，乃至四句偈等，受持讀誦，爲人演説，其福勝彼。云何爲人演説？不取於相，如如不動。

通曰：以布施較量持經功德，凡八見矣，無非重重發明應無所住而行於布施之意。知布施而不知般若，即住於相，能持經而不住於相，即真布施。始以七寶布施，不如持經之能至寶所也；既以身命布施，不如持經之能證法身也；既以供養諸佛，不如持經之能自得佛也。得成於忍，能作佛之因，豈布施之因可比乎？如如不動，能證佛之果，豈布施之果可同乎？重重讚歎，意各不同。持經者爲人演説，即是法施，不取於相，如彼真如，湛然不動。説法者如，傳法者如，能使人人皆證法身，功德可勝道哉？

刊定記曰：「若有人」至「其福勝彼」，明説法功德也。發菩薩心者，謂有菩薩濟生利物之心，故能以此受持，亦能以此爲人演説。經文但明持説功德，而論乃謂化佛説法有無量功德者何？蓋化佛是説法教主，持説是弘經之人，所弘之經，是佛所説，佛之所説離言相，故功德無量。弘經之人，若能離著言説，其福勝彼無數世界七寶布施者也。彌勒菩薩偈曰：「化身示現福，非無無盡福。」謂持經者亦即化身之示現也，故獲福無盡。云何演説便獲如是功德耶？如無演説，是名爲説。彌勒菩薩偈曰：「諸佛説法時，不言是化身。以不如是説，是故彼説正。」〔一〕謂第一義中，無世、出世，若法若物，少有可説。能如實義，如是説者，是名爲正。上「如」即似義，下「如」即真如，似於真如，故曰「如如」。謂佛有説，皆如真實，説法之人，如彼真如，無有分別，不取能所説相，不説我是化身，不説我是説法之人，將不知誰是法身，誰是化身，誰是能説，誰是所説。如斯演説，量等虚空，其獲福無盡以此。

傅大士一日講經次，梁武帝至，大衆皆起，唯士端坐不動。近臣報曰：「聖駕在此，何不起？」士曰：「法地若動，一切不安。」〔二〕此所謂如如不動者，非徒言之，實允蹈之矣。

又佛鑑和尚示衆，舉：「僧問趙州：『如何是不遷義？』州以手作流水勢，其僧有省。又僧問法眼：『不取於相，如如不動，如何不取於相，見於不動去？』法眼云：『日出東方夜落西。』其僧亦有省。若也於此見得，方知道旋嵐偃岳，本來常靜，江河競注，元自不流〔三〕。如或未然，不免更爲饒舌。天左旋，地右轉，古往今來經幾徧。金烏飛，玉兔走，纔方出海門，又落青山後。江河波渺渺，淮濟浪悠悠，直入滄溟晝夜流。」遂高聲云：「諸禪德！還見如如不動麼？」〔四〕若於諸尊言下，能於動處，識取不動，又何疑於化身非是法身？

【箋注】

〔一〕見金剛般若波羅蜜經論卷下，釋曰：「此義云何？若化身諸佛説法時，不言我是化身，是故彼所説是正説。若不如是説者，可化衆生不生敬心。何以故？以不能利益衆生，即彼説是不正説，是故不説我是化佛。」

〔二〕見五燈會元卷二善慧大士。又見佛祖統紀卷二十二：「大同元年，請講三慧、般若於重雲殿，公卿畢集。天子至，衆皆迎，大士不動。御史問故，答曰：『法地若動，一切法不安。』帝善之。」

〔三〕僧肇肇論之物不遷論曰：「既無往返之微朕，有何物而可動乎？然則旋嵐偃嶽而常靜，江河兢注而不流，野馬飄鼓而不動，日月歷天而不周，復何怪哉？」

〔四〕見聯燈會要卷十六建康府蔣山慧懃禪師，又見續傳燈録卷二十五舒州太平慧懃佛鑑禪師。

二十七斷入寂如何説法疑

此疑從上演説與不動而來。既言不取於相，如如不動，則佛應常住爲衆生説法，何故又有入寂之相？未入寂時，尚能演説，既入寂已，如何説法？將謂無法可説，即成斷滅。將謂法身説法，何故入寂？不知甚深般若之智，不如是觀也。爲遣此疑，故經云：

「何以故？一切有爲法，如夢幻泡影。如露亦如電，應作如是觀。」

唐譯云：「復次，善現，若菩薩摩訶薩以無量無數世界盛滿七寶，奉施如來應正等覺，若善男子或善女人於此般若波羅蜜多經中，乃至四句伽陀，受持讀誦，究竟通利，如理作意，及廣爲他宣説開示，由此因緣所生福聚，甚多於前無量無數。云何爲他宣説開示？如不爲他宣説開示，故名爲他宣説開示。爾時世尊而説頌曰：『諸和合所爲，如星翳燈幻。露泡夢電雲，應作如是觀。』」

傅大士頌曰：「如星翳燈幻，皆爲喻無常。漏識修因果，誰言得久長？危脆同泡露，如雲影電光。饒經八萬劫，終是落空亡。」

通曰：此經名金剛般若，甚深十喻，乃其本旨，所謂觀一切業如幻，一切法如燄，一切性如水中月，妙色如空，妙音如響，諸佛國土如乾闥婆城〔一〕，佛事如夢，佛身如影，報身如像，法身如化。唯除妙音如響，餘列爲九喻，雖名相稍有不同，大都可以意會。此甚深般若觀智，雖佛事如夢，雖佛身如影，正達一切業如幻。自三十七助道品〔二〕，乃至菩提涅槃，一切如幻，本大般若破相宗也。持經説法者，深解義趣，能爲人演説，不取於相，如如不動，是能善觀。一切有爲之法，如夢幻等皆無實性，倏生倏滅，愚人見之謂有生滅，智者觀之原自非動，本未嘗生，本未嘗滅，既無生滅，即無來去。以是諸佛涅槃，不住於有爲法中，亦不住於無爲法中。既不住於生死涅槃，常自如如，塵説刹説，本未嘗間，又何泥於入寂之相哉？彌勒菩薩偈曰：「非有爲非離，諸如來涅槃。九種有爲法，妙智正觀故。見相及於識，器身受用事。過去現在法，亦觀未來世。觀相及受用，觀於三世事。於有爲法中，得無垢自在。」〔三〕此明諸佛涅槃，非有爲法，亦不離有爲法，以不住涅槃、不住世間故，特示現世間行，爲利益衆生故。所以不住於有爲法者，以有妙智觀察九種法故。九者謂何？一觀見如星，能見心法，非不炯炯，正智日明即隱不現；觀相如翳，所緣外境皆是妄現，如毛輪等，原非實有；觀識如燈，依止貪愛，非不照了，念念遷謝，相續不已；觀器界如幻，世間種種，從妄緣生，幻力變起，無一體實；觀身如露，暫時住故，見日即晞，一遇無常，便從衰謝；觀所受用如泡，由根境識，三事和合，苦樂受用各成各散；觀過去如夢，所有集造，同如夢境，因憶乃生，原無實事；觀現在如電，生時即滅，刹那不住，雖暫時有，倏忽便亡；觀未來如雲，識含種子，若雲含雨，能與一切爲其根本。若能以金剛般若妙智，觀於此九種法，一觀見境識，即是觀察集造有爲之相；二觀器界及身受用，以何處住，以何等身，受用何等，即是觀其目前受用之法；三觀三世差别，是何有爲行，即是觀其還流不住之法。由此觀故，便能於諸有爲法中，獲無障礙，隨意自在。爲此縱居生死塵勞，不染其智，設證圓寂灰燼，寧昧其悲？故得無垢常自在者，即是如如不動，本無入寂之相也。若能作如是觀者，既不住於有爲而取於相，亦不住於無爲而離於相，以此自度，即以此度人。所以護念付囑諸菩薩者，唯此一偈最爲喫緊，豈可以麤淺之見妄窺測乎？

昔梁武帝請傅大士講金剛經，士纔陞座，以尺揮案一下，便下座，帝愕然。誌公曰：「陛下還會麽？」帝曰：「不會。」誌公曰：「大士講經竟。」雪竇頌云：「不向雙林寄此身，却於唐土惹埃塵。當時不得誌公老，也是栖栖去國人。」〔四〕此揮尺一下，如電如幻，將金剛大意，彈指道破，非誌公妙智，幾乎虛發矣。又長沙岑禪師因僧亡，以手摩之曰：「大衆！此僧即真實爲諸人提綱商量，會麽？」乃有偈曰：「目前無一法，當處亦無人。蕩蕩金剛體，非妄亦非真。」又僧問：「亡僧遷化後，向甚麽處去也？」沙曰：「不識金剛體，却唤作緣生。十方真寂滅，誰在復誰行？」雪峰亦因見亡僧，作偈曰：「低頭不見地，仰面不見天。欲識金剛體，但看髑髏前。」又僧問法眼：「亡僧遷化，向甚麼處去？」眼云：「亡僧幾曾遷化？」僧云：「爭奈即今何？」眼云：「汝不識亡僧。」〔五〕此諸尊宿發明金剛之體，原無生滅去來，故知如如不動，是古今說法式也。

佛說是經已，長老須菩提及諸比丘、比丘尼、優婆塞、優婆夷，一切世間天、人、阿脩羅，聞佛所說，皆大歡喜，信受奉行。

刊定記曰：佛說是經已者，本爲空生致問，故佛答降住修行，答問既終，便合經畢。仍以躡跡起疑，連環二十七斷，洎乎此文，疑念冰釋。既善吉無問，故能仁杜宣，一卷經內，雖兼有師資，以其就勝，故但云佛說。皆大歡喜、信受奉行者，有三種義，歡喜奉行：一說者清淨，不爲取著利養所染故；二所說清淨，以如實知法體，說理如理，說事如事故；三得果清淨，依解起行，得無漏故。其在會者，比丘、比丘尼、近事男、近事女〔六〕，名爲常隨四衆，聞是經典，信心不逆，可勿論已。若一切世間，天、人、阿脩羅等，上自無色界及色界、欲界諸天，所謂有色無色、有想無想、非有想非無想，兼在其中矣。但舉人及阿脩羅，所謂胎、卵、濕、化，兼在其中矣。一切皆能信受奉行，所謂令入無餘涅槃而滅度之者，已灼然可據。然則世尊所以護念付囑諸菩薩者，寧有外此施設哉？

古靈贊禪師遇百丈開悟，卻回受業。本師問曰：「汝離吾在外，得何事業？」曰：「並無事業。」遂遣執役。一日因澡身，命師去垢，師乃拊背曰：「好所佛堂，而佛不聖。」本師回首視之。師曰：「佛雖不聖，且能放光。」本師又一日在窗下看經，蜂子投窗紙求出，師覩之曰：「世界如許廣闊，不肯出，鑽他故紙，驢年去！」遂有偈曰：「空門不肯出，投窗也大癡。百年鑽故紙，何日出頭時。」本師執經，問曰：「汝行腳遇何人？吾前後見汝發言異常。」師曰：「某甲蒙百丈和尚指箇歇處，今欲報慈德耳。」本師於是告衆致齋，請師説法。師乃登座，舉唱百丈門風曰：「靈光獨耀，迥脱根塵，體露真常，不拘文字。心性無染，本自圓成，但離妄緣，即如如佛。」本師於言下感悟，曰：「何期垂老，得聞極則事。」〔七〕百丈數語，固足櫽括金剛要旨，能令聞者惕然感悟，不復向故紙中鑽求。誰謂後五百世生信心者，難其人哉？

【箋注】

〔一〕乾闥婆城：梵語音譯，又作揵闥婆城、健達縛城、乾城等。指無實體而出現於空中之樓閣、山川、林野等，即所謂海市蜃樓，佛教經典常以之喻不實之法。方廣大莊嚴經卷十：「能於一刹那，證知諸世間，因緣和合生，空寂無所有，如乾闥婆城，如虛空陽焰。」

〔二〕三十七助道品：又稱三十七覺支、三十七菩提分、三十七道品等。依次修行，可次第趨於菩提，故稱爲菩提分法，具體可分七科一、四念處；二、四正勤；三、四如意足；四、五根；五、五力；六、七覺分；七、八正道。見大毗婆沙論卷九十六、法界次第初門卷中之下。

〔三〕見金剛般若波羅蜜經論卷下，釋曰：「此義云何？觀有爲法三種：一觀有爲法，以觀見相識；二者觀受用，以觀器世間等，以何處住，以何等身，受用何等；三者觀有爲行，以何等法，三世轉差別。如是觀一切法，於世間法中得自在故。」

〔四〕見佛果圜悟禪師碧巖録卷七第六十七則。原頌「唐土」作「梁土」。

〔五〕以上諸公案見林泉老人評唱投子青和尚頌古空谷集卷五第八十五則洞山莖茆。

〔六〕近事男、近事女：近事男，音譯爲優婆塞或鄔波索迦，又作清信士。指受五戒之在家男子，有親近三寶、奉事如來之義。受持五戒之在家女子則稱近事女，音譯爲優婆夷、優婆斯迦。佛説戒香經卷一：「世間若有近事男、近事女，持佛淨戒，行諸善法，謂不殺、不盜、不婬、不妄及不飲酒。是近事男、近事女，如是戒香遍聞十方，而彼十方咸皆稱讚。」

〔七〕見景德傳燈録卷九福州古靈神贊禪師。又見五燈會元卷四福州古靈神贊禪師等。

金剛般若波羅蜜經偈釋上宗通卷八

彌勒菩薩八十行偈

無著菩薩頌　唐法師義淨譯

天親菩薩頌　魏菩提流支譯

明菩薩戒弟子南嶽山長曾鳳儀釋

無著　此經文句義次第，世無明慧不能解。

天親　法門句義及次第，世間不解離明慧。

無著　稽首於此教我等，無邊功德所生身。

天親　大智通達教我等，歸命無量功德身。

無著　具如斯德應禮敬，彼之足跡頂戴持。

天親　**應當敬彼如是等，頭面禮足而頂戴。**

無著　**覺轅難駕彼能乘，要心普利諸含識。**

天親　**以能荷佛難勝事，攝受衆生利益故。**

偈曰：

無著　**勝利益應知，於身并屬者。得未得不退，謂最勝付囑。**

天親　**巧護義應知，加彼身同行。不退得未得，是名善付囑。**

此釋「善護念諸菩薩，善付囑諸菩薩」二種義也。護念爲攝受根已熟者，如來善巧神力加被於彼，於彼身中，令其佛法成就；於彼屬同行者，令其教化利益。自利利他，與佛無異。付囑爲哀彼根未熟者，已得不退位者，令之不捨大乘；未得不退位者，令於大乘更趣殊勝。以勝付囑而相付囑，欲其轉化無窮也。

無著　**於心廣最勝，至極無顛倒。利益意樂處，此乘功德滿。**

天親　**廣大第一常，其心不顛倒。利益深心住，此乘功德滿。**

此釋「所有一切衆生之類」至「即非菩薩」四種心也。若胎、卵、濕、化，至若非有想非無想，盡乎三界衆生矣，悉在所度之中，是廣大心也；皆令入無餘涅槃，盡成佛果，是第一心也；實無衆生得滅度者，但是寂滅己身，無別有情，是常心也。何以故？菩薩取一切衆生，猶若我身，常不捨離，故名爲常。若有我、人、衆生、壽者四相，依止身見，故我等想生，是名顛倒，無此四相，是不顛倒心也。如是四種利益意樂，圓滿果因，應無所住行於布施，住無所住，名深心住。此菩薩乘，功德圓滿，量等虚空，如是降伏，如是安住，是如來所爲善護念、善付囑諸菩薩者也。

無著 **六度皆名施，由財無畏法。此中一二三，名修行不住。**

天親 **檀義攝於六，資生無畏法。此中一二三，名爲修行住。**

此釋「應無所住行於布施」義也。布施是檀波羅蜜，無住是般若波羅蜜，何以行施處離相，離相處行施，名爲相應行？以檀施能攝六波羅蜜故。施有三種，一者資生施，二者無畏施，三者法施。此中資生施，但攝布施一波羅蜜。無畏施，攝持戒忍辱二波羅蜜。法施，攝精進、禪定、智慧三波羅蜜。此三種施，皆得名施，亦皆得名智，以智攝五波羅蜜，即無所住而行於布施等。諸菩薩修行，當住於此也。

無著　**爲自身報恩，果報皆不著。爲離於不起，及離爲餘行。**

天親　**自身及報恩，果報斯不著。護存己不施，防求於異事。**

此釋「布施不住於相」之義也。凡人行施，多爲現在自身，及報過去之恩，希望未來之果，三者而已。於此三世事中，悉皆不著，所謂不住於事者。依資生施説，謂於所施財，心無愛著，無所住者；依無畏施説，謂修戒忍時，不望報恩，不住色等者；依法施説，謂説法之人，心不希求可意諸境，凡現生果報，及他生果報，皆不著也。復以何義不住彼耶？心存於己，不起施心故，或復施已，還追悔故，爲護此事，於身不著；若有希求，即爲餘事而行惠施，退失菩提故，爲防是行，於事不著。此布施等不應住於相也。

無著　**攝伏在三輪，於相心除遣。後後諸疑惑，隨生皆悉除。**

天親　**調伏彼事中，遠離取相心。及斷種種疑，亦防生成心。**

此釋「布施離相獲福」，復斷後後疑惑也。度生而著四相，即布施而住於相，此取相之心，故當降伏。即彼布施等事中，不見施物、受者及施者，於此三輪，除著想心。但應如所教住，謂以無住爲住也。此中有疑：若離施等相想，云何能成施福？不知如是布施，其福轉多，量等虚空，不可思量，此即斷疑之端也。向後層見疊出，所有經文，皆爲除遣後後疑惑，如云「莫作是念」等，如云「勿謂如來有所説法度生」等，皆防生成心之謂也。

無著 **若將爲集造，妙相非勝相。三相遷異故，無此謂如來。**

天親 **分別有爲體，防彼成就得。三相異體故，離彼即如來。**

此釋「不可以身相得見如來」之義也。如來三十二相，是由施等因緣集造，墮在有爲之數，由多劫修行，乃得成就。若分別有爲體是如來，便見如來有其勝相，若望如來真如之性，即無此勝相。何以故？此有爲體，當爲生、住、異、滅四相所遷，此云三相異體者，以住異同時故。若法身如來者，本自無生，離彼有爲。本無所爲，離彼成就。非前際生，非後際滅，本無變遷，離彼異體。謂三相異如來故，是法身無相，不應以身相見也。若於是處無三相可得，足知如來不是有爲造作因緣所成。如是見已，雖爲佛果而行布施，非著法施，成如是斷疑故。

無著 **因與果甚深，於彼惡時説。此非無利益，由三菩薩殊。**

天親 **説因果深義，於彼惡世時。不空以有實，菩薩三德備。**

無著 **由於先佛所，奉持於戒學。并植善根故，名具戒具德。**

天親 **修戒於過去，及種諸善根。戒具於諸佛，亦説功德滿。**

此釋「頗有衆生」至「種諸善根」義也。無住而住，因深也；相而無相，果深也。於彼鬬諍牢固惡世之時，有能不以此爲空談而生實信者，是末代菩薩持戒修福，具戒、具德、具慧，三德完備，故能信也。當知是人，修戒於過去，承事多佛，種諸善根，其來久矣。供養諸佛有三種義：一者給侍左右，二者嚴辦所須，三者詢承法要。能守護故，名曰尸羅，謂能善守六情根故。修復有三種：一能離於十不善業故，二能作於菩提分業故，三能趣於第一義諦故。如是修戒，而行恭敬承事，即持戒具足。如是供養，而種植善根，即功德具足。次下明其具慧，能於菩提生於實相，功德圓滿，其福固無量也。

無著 能斷於我想，及以法想故。此名爲具慧，二四殊成八。

天親 彼壽者及法，遠離於取相。亦説知彼相，依八八義别。

無著 别體相續起，至壽盡而住。更求於餘趣，我想有四種。

天親 差别相續體，不斷至命住。復趣於異道，是我相四種。

無著 皆無故非有，有故不可説。是言説因故，法想有四種。

天親 一切空無物，實有不可説。依言詞而説，是法相四種。

此釋「無我、人、衆生、壽者四相」及「無法相亦無非法相」義也。上言菩薩三德備，由戒生定，由定生慧。所謂有智慧者，了知人無我，故無壽者四相；了知法無我，故無法、非法四相。彼壽者及法，八相俱離，不復取著。誰其知彼相而遠離之？唯具慧者，依於八相，了知八相義别。所謂我相四種者何？中有主宰，名之爲我，今觀色、受、想、行、識諸蘊，各各差别，各無主宰，故無我相；安住常性，名曰衆生，今諸蘊無常，相續流轉，無有一法是安住性，故無衆生相；脈脈不斷，乃名命住，今至壽盡而住，如有經言「汝今剎那，亦生亦老亦死」，故無壽者相；諸蘊循環，受諸異趣，名曰人相，是中無人能取諸趣，譬如因質而現於像，質不至像，而有像現，由前蘊故，後蘊續生，前不至後，而後相續，是無人相也。此謂了知人無我性也。所謂法相四種者何？經云「無法想，亦無非法想」，「無想，亦無非想」，諸譯皆然，唯秦略其後二，此復云何？第一義諦，法本不生，能取所取，諸法皆無，故無法想。以不生故，亦無有滅，彼法無物，而空實有，故亦無非法想。此偈所謂「一切空無物」也。法與非法分別離故，不可説有，不可説無，非言所詮故，故無想，此偈所謂「實有不可説」也。所言無想，但顯想無，非謂有法而名非想，雖第一義離一切想，而依世間言語想説，以於無言處依言相説，是不可言顯者，實言説之因也，亦無非想，此偈所謂「依言辭而説」也。是謂了知法無我性也。壽等四相易知，法等四相難晰。彼知遠離我、人、衆生、壽者四相，即謂之法相，並其法相而空之，即謂之非法相。有是有非，未離分別，法與非法，二者俱泯，無可言説，是謂俱空。若一向是空，破滅諸相，恐墮偏空，故依俗諦説，亦無非相。有而不有，無而不無，是中道諦也。此非法相，遣法也；無相，遣非也；亦無非相，遣非非也。秦譯但以「非法相」〔一〕該之。

【箋注】

〔一〕此段文字中，「想」字與「相」字相通。此據義淨所譯偈文而來，並非刊刻有誤。又如鳩摩羅什譯維摩詰所説經卷二問疾品亦謂：「有疾菩薩應作是念：『今我此病，皆從前世妄想顛倒諸煩惱生，無有實法，誰受病者？所以者何？四大合故，假名爲身；四大無主，身亦無我。又此病起，皆由著我。是故於我，不應生著。』既知病本，即除我想及衆生想。當起法想，應作是念：『但以衆法，合成此身；起唯法起，滅唯法滅。又此法者，各不相知，起時不言我起，滅時不言我滅。』彼有疾菩薩爲滅法想，當作是念：『此法想者，亦是顛倒，顛倒者是即大患，我應離之。』」

無著 **由彼信解力，信故生實想。不如言取故，取爲正説故。**

天親 **彼人依信心，恭敬生實相。聞聲不正取，正説如是取。**

此釋「不應取法，不應取非法」義也。彼人持戒修福，能起深信，依彼信心，恭敬多佛，種諸善根，聞此經典，乃至一念生淨信者，信心清淨，能生實相。由具慧者，不如言取義，隨順第一義智，取爲正説故，名爲實相。爲斯理故，説彼八相遠離之後，便云不取於法相，亦不取於非法相。法與非法，總未離於聲教，彼不以所聞聲教而正取之也。不正取於法，不正取於非法，二相遠離，即是實相。正説如是取，是以不取取之也。彼菩薩聞説章句，能生實相如此，何患其後有聞者不生實信乎？

無著 **佛了果非比，由願智故知。爲求利敬者，遮其自説故。**

天親 **佛不見果知，願智力現見。求供養恭敬，彼人不能説。**

此釋「如來悉知悉見」義也。謂佛知即是見，見即是知，非如肉眼，但見麤近物，至細障遠處則不能知。非如比智，見煙知火，不能照了諸相差别。彼具戒等人所有果報，佛一一知，佛一一見。若不言見，或謂比知，若不言知，或謂肉眼等見，是故知見並言。然由願智現量而了，惟佛具廣度衆生大願力故，具一切智智大智力故，於諸境界朗然現覺，不但現生福果洞燭無差，即將來所感果報，爲人供養恭敬等無量福德，一一了知。何故如來作如是説？彼具戒等欲得福德，彼人則不能説，是人自知故。諸佛如來，善知彼何等人，有何等行，是故彼人不能自説。得福有二，生者，能生因故；取者，熏修自體果義故。

無著 **證不住於法，爲是隨順故。猶如捨其筏，是密意應知。**

天親 **彼不住隨順，於法中證智。如人捨船栰，法中義亦然。**

此釋「法尚應捨，何況非法」義也。謂文字般若、脩多羅等法，非證智者所住處故。既得證已，應捨彼法，如到彼岸，應捨其筏。然欲證智，非法不可，於增上證，是隨順故，應須收取，如未達岸，必憑其筏，是名密意。一筏之上，有其取捨，故名爲密。是般若法，於無相菩提相應者，尚在所捨，何況我相四種，及法相四種，與實相不相應者，其可取著而不捨乎？不悟而隨順於法者，即名識，悟而能轉乎法者，即名智，轉識成智，即法中之義也。

無著 **化體非真佛，亦非説法者。説法非二取，所説離言詮。**

天親 **應化非真佛，亦非説法者。説法不二取，無説離言相。**

此釋「如來所説法，皆不可取不可説，非法、非非法」義也。此須菩提所解如來無得無説義。應化非法身，原不證法，亦不説法，故謂無定法可得，亦無定法可説。其義維何？以如來所説真如之法，非耳能聽，不可取故，非口能宣，不可説故。是故應知，非法、非非法，此據真如道理而説。彼非是法，謂是法無爲其性故。復非非法，由彼無自性，體是有故。二邊俱離，即無可説。是無上菩提，離言説相，從來無有得者，既無所得，更何説哉？此無得無説，須菩提所爲解空第一也。

無著　**自受爲他説，非無益集福。福不持菩提，彼二能持故。**

天親　**受持法及説，不空於福德。福不趣菩提，二能趣菩提。**

無著　**得自性因故，此餘者是生。唯是佛法故，能成最勝福。**

天親　**於實名了因，亦爲餘生因。唯獨諸佛法，福成第一體。**

此釋「若人滿三千大千世界七寶以用布施」至「所謂佛法者，即非佛法」義也。若受持寶滿三千界，持用布施，非不得福甚多，以其不趣菩提，唯成有漏之業而已。若受持此經，爲他人説，自利利他，二者能趣菩提，肩荷佛道，福德積聚，勝彼寶施者無量。曷言乎福德之勝也？一切無上菩提，皆從此經發明，現證無爲實體，永斷生死苦因，故曰「於實爲了因」。一切諸佛，皆從此經熏修身語，律儀圓滿，出生報化之身，故曰

「亦爲餘生因」。持説此經者，成就第一之法，成就希有之佛，世間之福，孰有過於此者？然所謂佛法者，即佛法非佛法，以所覺之法唯佛能證，佛不自有，由不共性，以能作第一法因，是故彼福德中此福最勝，故曰「福成第一體」也。

無著 **不取自果故，非可取可説。解脱二障故，説妙生無諍。**

天親 **不可取及説，自果不取故。依彼善吉者，説離二種障。**

此釋「須陀洹能作是念：我得須陀洹果不」至「須菩提實無所行，而名須菩提是樂阿蘭那行」義也。一切聖賢皆以無爲法而有差別，今日所謂佛法者，即非佛法，是無爲法，亦不可取及説也。所謂不可取者，非謂無其果也，如四果人各證自果，但不自作念謂得是果，即是不取。彼於證時，離取我等隨眠煩惱，是故無如是心：我能得果。此不取者，即四果離四果，如依須菩提説得無諍三昧也。無諍者，謂離煩惱障，及離三昧障故。由離煩惱障，得羅漢果，由離三昧障，得無諍行，蓋人法兩空矣，更何取乎？

無著　**在然燈佛所，言不取證法。由斯證法成，非所取所説。**

天親　**佛於然燈語，不取理實智。以是真實義，成彼無取説。**

此釋「如來在然燈佛所，於法實無所得」義也。然燈生時，身光如燈，以至成佛，亦名然燈。釋迦如來於彼授記成佛，然佛於然燈授記語中，不取於法，無佛想，無我想，無授記説授記想，顯是智證，而無所取故。但以無分別實智，證無差别真理，以是真實之義，離心緣相，成其無取，離言説相，成其無説。所以如來昔在然燈佛所，於法實無所得也。

無著　**智流唯識性，國土非所執。無形故勝故，非嚴許嚴性。**

天親　**智習唯識通，如是取淨土。非形第一體，非嚴莊嚴意。**

此釋「莊嚴佛土者，即非莊嚴，是名莊嚴」義也。淨土有二種：一法相土，謂有形相可得；二法性土，謂離一切相，無所見聞。莊嚴亦有二種：一形相莊嚴，謂金地寶池等；二第一義莊嚴，謂修習無分別智，通達唯識真實之理，顯發過恒沙功德而爲莊嚴。如是而取淨土，非有形之淨土，乃第一體之淨土也。如是莊嚴，不取相而爲莊嚴，是真莊嚴也。依第一義諦，無有形質可取，即非莊嚴。依俗諦，如是無莊嚴，是名莊嚴。若執有佛土形勝莊嚴，云我當成就，彼即於色等境界，有住著心。爲遮此見，故下承以「應無所住而生其心」也。

無著 **譬如妙高山，於受用無取。非有漏性故，亦非是因造。**

天親 **如山王無取，受報亦復然。遠離於諸漏，及有爲法故。**

此釋「佛説非身，是名大身」義也。佛報身如須彌山王者，須彌雖大，而不取我是山王，以山無分別性故。報佛亦然，不取我是法王，以無分別故。如何得是無分別耶？第一義中，山及色身，皆無體性故。佛説非身，是名大身，以受樂報佛，遠離諸漏，即無有物，即是非身。由此非有身，説爲有身，唯有清淨身故。自體是有，非由因造，遠離有爲法故。是大身，即法身也。

無著 **爲顯多差別，及以成殊勝。前後福不同，更陳其喻説。**

天親 **説多義差別，亦成勝較量。後福過於前，故重説勝喻。**

此釋「如恒河中所有沙數」至「勝前福德」義也。前已説寶施之喻，今復説者，豈不重耶？前説一三千界寶施，此説無量三千界寶施，雖則總是多義，總是勝較量，然其後者，即多中之多，勝中之勝，故重説也。後福何以過於前耶？前福差別，不明成立之因，爲於菩提無有荷持之用。今欲顯其能立因相，更將別喻，隨事而言，故較量之喻，亦復殊勝。

無著　**兩成尊重故，由等流殊勝。煩惱因性故，由劣亦勝故。**

天親　**尊重於二處，因習證大體。彼習煩惱因，此降伏染福。**

此釋「隨説是經，乃至四句偈等」至「是名三十二相」義也。二處者，一是隨説四句偈等之處，一是經典所在之處。四句偈處，一切天人皆應供養，如佛塔廟，已尊重矣。經典之處，則爲有佛，若佛弟子，又尊重之至也。彼以七寶等施，施寶之地，及能施者，無如是事，故謂持説勝也。又此經名金剛般若波羅蜜，即般若離般若，能與一切諸佛如來證法作勝因故，又一切諸佛所共説故，皆以修習般若爲因，證會等流之性，發明大事，無説可説，故曰「因習證大體」也。彼七寶布施福德，是染煩惱因，以能成就煩惱事故。如積微塵以成世界，不離人天因果，是因果皆非實有，故曰非微塵、非世界。然是微塵，非貪等煩惱體，是世界，非煩惱染因界，故名微塵世界。是世塵無記，非彼染煩惱所及，縱能獲福，與微塵世界等亦同於無記性，極爲微劣，況此持經功德，能遠離煩惱因，能成佛菩提，及成就三十二相，非福德中之勝福德乎？又三十二相，非是正覺之體性，故名三十二相，比於持説法門，能得大覺性，亦爲是劣。此佛身相雖劣，亦是出世之福，實勝過施寶所得世間之染福，況法身因，而不超越此三十二相，能降伏染福，而持經功德，更能降伏之也。

無著 彼果勝苦故，難逢勝事故。境岸非知故，於餘不共故。

天親 苦身勝於彼，希有及上義。彼智岸難量，亦不同餘法。

無著 是甚深性故，勝餘略詮故。冑族高勝故，望福福殊勝。

天親 堅實解深義，勝餘脩多羅。大因及清淨，福中勝福德。

此釋「以恒河沙等身命布施」至「是名第一波羅蜜」義也。彼捨無量身命以用布施，視乎捨資生財寶者所得果報福德，此福勝彼福。何以故？彼捨身命，苦身心故，然是苦因，終招苦果。若以四句偈施，脱離苦海，其福不尤勝乎？爾時須菩提尊重法故，遂便墮淚，此法門希有，雖有智眼亦未曾聞，復是難逢，復是勝事。云何爲勝？以上義故。如經説般若波羅蜜，即非般若波羅蜜，彼智岸無人能量，云何爲到？由其所知境岸唯佛，餘無能知者，故曰上義。又此法門不同餘法，此中有實相故，除佛法，餘處無實故，故信心清淨，不信餘法，則生實相。言實相者，唯此處有，言非實者，餘處不生。能生是相，當能成就第一希有功德。又此法門，是甚深性，故有能受持此經，思量修習，不起我等相者，是於可取境界無有顛倒，得人無我也。又我等相，即是非相，是於我取無有顛倒，得法無我也。此二如其次第，明我空、法空，以至空空，能離一切諸相，則名諸佛，故謂真實堅固甚深之義也。佛乃印可須菩提所説，若復有人聞説是經，始焉不驚，既焉不怖，終焉不畏，彼於無上菩提，不以其希有而驚之，不以其甚深而怖之，不以其難成而畏之，是於此經，能生淨信，更無疑沮，其能生實相，而成就無量功德也必矣。此所謂堅實解深義者，後五百世，寧無是人哉？特希有耳。又此法門勝餘脩多羅，佛説第一波羅蜜，非第一波羅蜜故。又云大因者，以第一波羅蜜，能爲諸佛修證大體之因。又云清淨者，以無量諸佛所共説故，族胄高勝，極其清淨。彼以珍寶施者，無有如斯衆德圓備，此所得福，望前福聚，不啻霄壤，故謂彼福德中之勝福德也。

無著 **彼行堪忍時，雖苦行善故。彼德難量故，由斯名勝事。**

天親 **能忍於苦行，以苦行有善。彼福不可量，如是最勝義。**

無著 **由無恚怒情，不名爲苦性。有安樂大悲，行時非苦果。**

天親 **離我及恚相，實無於苦惱。共樂有慈悲，如是苦行果。**

此釋「忍辱波羅蜜」至「應生瞋恨」義也。謂彼持經者行苦行時，雖同苦果，而此苦行不疲倦，以有堪忍性故，名到彼岸。彼岸有二種義，一是善性故，由諸波羅蜜皆以善爲體性故。二是彼德難量故，由彼德岸曾無知者，故言非波羅蜜。此苦行勝彼捨身遠矣。如我於爾時，無我、人、衆生、壽者相，離於我相也。及王悔過，我心無瞋，離於恚相也。無我，則無受苦者。無瞋，則無惱彼者。但見共樂，不見有苦，但見慈悲，不見瞋恨。如是苦行果，由與勝法相應，雖曰忍辱到彼岸，其實般若到彼岸也，豈同恒沙身命布施所得果哉？

無著　**生心因不捨，是故應堅求。謂是得忍邊，及此心方便。**

天親　**爲不捨心起，修行及堅固。爲忍波羅蜜，習彼能學心。**

此釋「又念過去，於五百世作忍辱仙人」至「不應住相布施」義也。佛無我、人等相，自五百世以來，修行堅固，故能與菩提相應。若有菩薩，不離我相等，苦行之時，見有苦惱，便欲捨菩提之心，是故應離諸相。若未生第一菩提心者，有如是過，故偈言「生心因不捨，是故應堅求」。爲何等心是此心生因，而遣堅固勤求。復於何處是不捨菩提心因，令進求也。偈言「爲忍波羅蜜，習彼能學心」，此謂入初地勝義之心，得忍邊際，行無住心，故經言發無上正等覺心。何以故？示不住生心義故。若心住色等，此必不能進求佛果，故菩薩應無所住而行布施，即是生起無住著心方便。謂得忍已，雖復遭苦，而不棄捨大菩提心，故曰「習彼能學心」也。

無著　**應知正行者，是利生因故。於有情事相，應知徧除遣。**

天親　**修行利衆生，如是因當識。衆生及事相，遠離亦應知。**

無著　**彼事謂名聚，最勝除其想。諸世尊無此，由真見相應。**

天親　**假名及陰事，如來離彼相。諸佛無彼二，以見實法故。**

此釋「爲利益一切衆生」至「即非衆生」義也。云何爲利益衆生修行，復遣不住利益衆生事耶？爲斷此疑，故經言：爲利益衆生，應如是布施。言此正行者，是利益衆生因，非取衆生相事故。何者是衆生事？偈言「假名及陰事，如來離彼相」，彼衆生者，唯名字施設，喚爲衆生，即是假名，原無實體。故如來説，一切相貌，即非相貌，如是足明人無我也。又衆生所依，謂由五陰所成，諦觀五陰，各無主宰，實無成衆生事。故如來説，一切衆生，即非衆生，如是足明法無我也。諸佛明彼二相不實，故無彼二相，以見於實相無相故。若見於真實，即不見有所度之人，亦不見有能度之智，一切無所住著，是真般若法也。

無著　**果不住因位，是得彼果因。世尊實語故，應知有四種。**

天親　**果雖不住道，而道能爲因。以諸佛實語，彼智有四種。**

無著　**立要説下乘，及説大乘義。由諸授記事，皆無有差舛。**

天親　**實智及小乘，説摩訶衍法。及一切受記，以不虚説故。**

此釋「如來四語」義也。如來言説，不離利生行施等事，即是道也。菩提妙果，雖不住於言説道中，而言説之道，能爲菩提之因，以諸佛真實語言能證離言之果故也。彼言説有四種智。彼真語者，但説真體實智，如華嚴境界，與大菩薩共也。實語者，如四諦因緣等法，與小乘共也。如語者，説大乘等法，與衆菩薩共也。不異語者，如一切受記等語，唯諸如來乃能究盡，所謂不共法也。以此四者，不虚誑於衆生。秦譯加一不誑語，非四者外别有不誑語也，語本無誑，即不虚説，何慮其因果不相符耶？

無著　**不得彼順故，是非實非妄。如言而執者，對彼故宣説。**

天親　**隨順彼實智，説不實不虚。如聞聲取證，對治如是説。**

此釋「此法無實無虚」義也。順彼實智第一義，説一切法本性無生，無生即無有，故無實。既無生，豈有滅，故無虚。上言我是真實語者，今又説無實無虚，一説兩兼，理難成信，由此答云：「如言而執者，對彼故宣説。」如依聲教得證菩提，便謂言中有菩提，又聞言中無菩提，便謂畢竟無菩提，不達言空而法實故。爲破此二執故，説無實者，以所説法，不能得彼證法，所以對治言中有菩提之説也。又説無虚者，以此所説法，隨順彼證法，證果是實，所以對治言中無菩提之説也。惟其無實無虚，故一切應無所住。

無著 **當時諸處有，於真性不獲。由無知有住，智無住得真。**

天親 **時及處實有，而不得真如。無智以住法，餘者有智得。**

無著 **無智由如闇，當闇智若明。能對及所治，得失現前故。**

天親 **闇如愚無智，明者如有智。對法及對治，得滅法如是。**

此釋「心住於法而行布施」至「見種種色」義也。一切時者，謂過、現、未來。一切處者，謂三界。衆生實有真如法，真如有得不得者，由心有住法、不住法之異耳。無般若之智，而住於法，心不清淨，如闇中無所見，雖有解脱之時，雖有涅槃之處，冥然罔覺，故不得真如也。有般若之智，而不住於法，心得清淨，如有目者，當夜盡日出，見種種色，時時解脱，處處涅槃，洞然無礙，故得真如也。明與闇對，是對法也，以有智治無智，是對治也。明生則暗滅，智生則愚滅，由其有目，顯得能對。如夜分已盡，顯所治闇法盡故，如日光明照，顯能治法現前故。得失現前，奈何不習般若智乎？

無著　由如是正行，獲如是福量。於法正行者，業用今當説。

天親　於何法修行，得何等福德。復成就何業，如是説修行。

無著　於文有三種，受持讀演説。義得由從他，及己聞思故。

天親　名字三種法，受持聞廣説。修從他及内，得聞是修智。

無著　此謂熟内己，餘成他有情。

天親　此爲自淳熟，餘者化衆生。

此釋「能於此經受持讀誦」至「成就無量無邊功德」義也。持經功德，較量殊勝，是修何等行耶？是得何等福德耶？復成就何等事業耶？修持説行，是爲正行；證真如果，是大福德；成就威力殊勝，是大事業。如是修行，皆自聞經始也。名字有三種：曰受持，曰讀誦，曰演説。欲受持其義，廣爲人説，先須讀誦其文。是讀誦者，聞慧也，受持者，思慧也。從他聞法，内自思惟，兼此二者，是得修行智也。此聞思修智，不爲耽玩文字故，爲自淳熟般若性智故。以其有餘化導衆生，常以所聞廣爲人説，俾人人皆能成就最上第一之果，是爲無量無邊功德也。

金剛般若波羅蜜經偈釋下 宗通卷九

無著 由時事大性，望福福殊勝。非境性獨性，能依是大人。

天親 以事及時大，福中勝福德。非餘者境界，唯依大人說。

無著 及難可得聞，無上因增長。若但持正法，所依處成器。

天親 及希聞信法，滿足無上界。受持真妙法，尊重身得福。

此釋「初日分，以恒河沙等身布施」至「以諸花香而散其處」義也。以恒河沙等身布施，其事甚大。初日分如是，乃至百千萬億劫如是，其時甚大。是人所得福，乃福中之勝福德也。以如是勝福德，較量持經功德，尚不能及，然則是經大不可思議，非餘者所知。餘指聲聞、緣覺，樂小乘者。此顯獨性所獲之福，於聲聞等是不共性，故「唯依大人說」，爲發大乘者說，非發心入菩薩位，不能聞也；爲發最上乘者說，非發心入佛地，不能聞也。大乘教，名極上乘，大乘行，名最勝乘。若能於此希聞之法，能生信心，受持讀誦，廣爲人説，是於大乘最上乘法，人所難信者，信心不逆。由彼持法，即是持菩提也，能荷擔如來無上菩提，滿足無上法界，非同二乘但樂小法，以自滿足而已。故能受持如是真妙之法，惟大乘爲最真，唯最上乘爲最妙。以此爲人解説，一切天、人，皆應供養，如佛塔廟，以諸花香而散其處。處尚尊重，人有不尊重者乎？人既尊重，其得福德亦不可思議，豈彼勝福所可及哉？

無著　**蠲除諸業障，速獲智通性。**

天親　**及遠離諸障，復能速證法。**

此釋「先世罪業」至「當得阿耨多羅三藐三菩提」義也。持説此經，不但獲福，亦能消罪。先世罪障應墮惡道者，以今世人輕賤故消，是轉重而爲輕也。重者既輕，則輕者必無，是遠離諸障也，此顯淨除業障。言此爲善事者，謂遭輕辱時，顯被辱之人有福德性，故言此爲善事，此又不徒消罪，且能證法也。能速證法，當於較量供佛功德中見。持經功德，大不可思議如此。

無著 世妙事圓滿，異熟極尊貴。於此法修行，應知獲斯業。

天親 成種種勢力，得大妙果報。如是等勝業，於法修行知。

此釋「我念過去無量阿僧祇劫」至「果報亦不可思議」義也。佛於然燈佛以前，供養多佛，經無數劫，方能成佛。受持此經，速證菩提，視供養諸佛功德，不啻千萬億倍，乃至算數譬喻所不能及，是種種勢力不能及也。所得果報，無量無邊，不可思議，即是「世妙事圓滿，果報極尊貴」，謂於護世帝釋、婆羅門等所有圓滿，皆當攝取故。惟其無量無邊，故曰大，即是多性；惟其不可思議，故曰妙，即是勝性。皆非凡情所測，是得大妙果也。如是成就無量無邊最勝事業，皆由於正法修行，便能安住如是衆德。故持經者，依聞、思、修三法修行，乃能生無住妙智，證於無上妙果。當知是經義不可思議，而果報亦不可思議，惟修行者自知之耳。

無著 由自身行時，將己爲菩薩。説名爲心障，違於無住心。

天親 於内心修行，存我爲菩薩。此即障於心，違於不住道。

此釋「云何應住」至「實無有法發阿耨多羅三藐三菩提心者」義也。前「應云何住」，欲其降伏而安住也。此「云何應住」，疑其降伏而安住也。爲有我存也，若内心修行有法我在，即著我、人、衆生、壽者四相，此即智障，能障於心，與無住之道實相違背，不得名爲菩薩。若論第一義，本自無生，實無有法能發菩提心者，即最初一念發菩提心尚自無有，寧有我爲之安住而降伏者乎？惟無有我，即無所住。此内心修行相應之行，菩薩應如是住也。

無著　**授後時記故，然燈行非勝。菩提彼行同，非實由因造。**

天親　**以後時授記，然燈行非上。菩提彼行等，非實有爲相。**

無著　**無彼相爲相，故顯非是妄。由法是佛法，皆非有爲相。**

天親　**彼即非相相，以不虚妄説。是法諸佛法，一切自體相。**

此釋「如來於然燈佛所」至「是故名一切法」義也。昔然燈授記釋迦後當作佛，在然燈時，非有勝上行因可於彼處證得菩提，故蒙授記。若菩提非有者，佛亦是無。爲斷此疑，故言：如來者，即是真如，雖無一法可得，不無如來，故如來即是實性真如。謂無顛倒，名爲實性，謂無改變，名爲真如。若有人言如來得無上菩提，謂行菩薩行是實有者，此則虛妄。若言於無上菩提實有得者，此亦虛妄，偈言「菩提彼行等」故。法即菩提之法，佛即菩提，豈有得耶？若無行無得者，如來終無所得耶？爲斷此疑，故説如來所得菩提之法，無實無虛故。所云無實者，偈言「非實有爲相」故。有爲相者，如五陰等，實由因造。彼菩提法，無色等相故，色等相無，是其自相，彼即菩提相故，偈曰「無彼相爲相」，又曰「彼即非相相」。以不虛妄説，故曰無虛。無實無虛，得即無得。然是無所得法，非謂但證空理，而不該於一切也。佛説一切法，並以真如爲體，真如唯佛所證，故云皆是佛法。然是一切色聲等法，本無自性，不能持其自體，即非一切法，以是非一切法，但是真如，故名一切法也。是一切即真如之一切，是諸法即真如自體相也，故曰「是法諸佛法，一切自體相」。

無著　**謂以法身佛，應知喻丈夫。無障圓具身，是徧滿性故。**

天親　**依彼法身佛，故説大身喻。身離一切障，及徧一切境。**

無著　**及得體大故，亦名爲大身。非有身是身，説彼作非身。**

天親　**功德及大體，故即說大身。非身即是身，是故說非身。**

此釋「譬如人身長大」至「是名大身」義也。前文佛說非身，是名大身，但以非身顯法身，指空如來藏而言。此如來說人身長大，即爲非大身，是名大身，兼人身長大顯法身，指不空如來藏而言。佛法徧一切處，即真如徧一切處，是真如法身最大，譬如人身長大。依法身而說大身，猶不離人身而說大身也。法身不能外一切而自顯其大，故能遠離煩惱障、所知障，即具足法身。一者徧一切處，真如之性在諸法中，無有異性故；二者功德大，修行功德，無量無邊，不可思議，能與大體相應，即是證得大體，以是之故，說名大身也。須菩提深明此意，故謂如來說法身徧一切處，猶如人身長大。然法身雖徧一切處，以非有爲身故，是爲非大身也，即此非大身，名爲妙大之身，即真如性故。是身即非身，非身即身，是故說非身，依彼法身而說也，法身不離乎一切，一切不離乎法身，豈偏空非身之謂哉？

無著　**不了於法界，作度有情心。及清淨土田，此名爲誑妄。**

天親　**不達真法界，起度衆生意。及清淨國土，生心即是倒。**

無著 於菩薩衆生，諸法無自性。若解雖非聖，名聖慧應知。

天親 衆生及菩薩，知諸法無我。非聖自智信，及聖以有智。

此釋「菩薩亦如是」至「真是菩薩」義也。上言無一法可得，而一切法即是佛法。此真法界唯如來所證，不但如來爲然，而菩薩亦如是也。真界平等，無我、人、衆生、壽者等相，實無有法名爲菩薩。若不達乎此，起心動念，欲度衆生，欲莊嚴佛土，心境未忘，即是顛倒。顛倒即名凡夫，非菩薩也。若通達無我法者，無我法有二。一是衆生所有法，一是菩薩所有法。若有自智能信者，若世間智，若出世間智，信解一切法無性。一切法無性，不但離於人我，亦且離於法我。此雖非聖，已具有聖慧，故言即是菩薩。一是攝世諦菩薩，一是出世諦菩薩，故重言此真是菩薩菩薩也。與如來真法界何以異乎？

無著 雖不見諸法，此非無有眼。佛能具五種，由境虚妄故。

天親 雖不見諸法，非無了境眼。諸佛五種實，以見彼顛倒。

無著 種種心流轉，離於念處故。彼無住常轉，故説爲虚妄。

天親　**種種顛倒識，以離於實念。不住彼實智，是故説顛倒。**

此釋「五眼」義也。諸佛菩薩，了無一法可得，豈都無所見耶？照了前境，有五種真實智眼，見即是知，知即是見，故衆生若干種心，悉能知之。以彼諸心，住於虚妄，不住於真如實智故，説名非心。以遠離四念處故，既無執持，隨流常轉，故名爲流散心也。流散心即是顛倒，何以明其顛倒耶？以過去、現在、未來，皆無心可得故。即過去、未來以驗現在，種種分别皆是虚妄，終歸無有，了無三世性可得，故名之曰顛倒也。如來證真實心，而衆生種種妄心，皆真心中所現少分之法，豈有不悉知悉見者乎？

無著　**應知是智持，福乃非虚妄。顯此福因故，重陳其喻説。**

天親　**佛智慧根本，非顛倒功德。以是福德相，故重説譬喻。**

此釋「若有人滿三千大千世界」至「得福德多」義也。彼住相布施，無智慧根本，成有漏因，雖有福德實性，是顛倒功德也，故不足爲多。若不住相而行布施，有正覺智慧所持，成無漏因，雖無福德取藴，其福德固不可思議也，非彼衆生顛倒心識可以例論。雖重説譬喻，義略不同：前須菩提以真諦較俗諦，故以世福之多，不如其無；此佛以真諦即俗諦，惟以福德之無，故言其多。如來悉知悉見得福無量，豈彼種種妄心不可得者比乎？

無著 **謂於真法身，無隨好圓滿。亦非是具相，非身性應知。**

天親 **法身畢竟體，非彼相好身。以非相成就，非彼法身故。**

無著 **於法身無别，非如來無二。重言其具相，由二體皆無。**

天親 **不離於法身，彼二非不佛。故重説成就，亦無二及有。**

此釋「佛可以具足色身見不」至「是名諸相具足」義也。法身如來之體，畢竟空寂，非彼三十二相、八十種好之身也。以法身之體，非有爲之相所能成就，故相好之身，非彼法身。所以經云：不應以具足色身見，不應以具足諸相見也。然此相好二種，亦非不佛，此二不離於法身故，即相好即法身，故重説成就。所以經云：是名具足色身，是名諸相具足也。依第一義，不應以色相見於法身，故説非身；依俗諦，即於色相而見法身，故説具足。亦得言無，亦得言有，故曰亦無二及有。如是無住妙法，豈易解乎？

無著 **如來説亦無，説二是所執。由不離法界，説亦無自性。**

天親 **如佛法亦然，所説二差別。不離於法界，説法無自相。**

此釋「汝勿謂如來作是念，我當有所説法」至「是名説法」義也。色相之身，不離於法身，即無身相可得。如佛法亦然，一者所説法，二者所有義，二種差别，不離於法界，無有説法自相可得。若言無有世尊是能説者，所説之法亦復不離法身，故成非有。若法界離一切名相分别，即無有一法可説，無法可説，是真説法。彼謂如來有所説法者，是以如來離於法界也，即爲謗佛。

無著 **能説所説雖甚深，然亦非無敬信者。由非衆生非非生，非聖聖性相應故。**

天親 **所説説者深，非無能信者。非衆生衆生，非聖非不聖。**

此釋「頗有衆生」至「是名衆生」義也。説而無説，是爲真説，此甚深經典，末世衆生能信及此乎？佛以一切衆生具有如來智慧德相，非無能信者。彼其具有聖體，原非衆生，但其未離凡夫，非不衆生也。是非衆生之衆生，不可謂聖，未嘗不可謂聖也，安知其無能信此甚深經典者乎？此段秦譯缺，以魏譯補之，而彌勒偈甚妙，固不當遺也。

無著 **少法無有故，無上覺應知。由法界不增，清淨平等性。**

天親 **彼處無少法，知菩提無上。法界不增減，淨平等自相。**

無著 **及無上方便，由漏性非法。是故非善法，由此名爲善。**

天親 **有無上方便，及離於漏法。是故非淨法，即是清淨法。**

此釋「佛得阿耨多羅三藐三菩提」至「是名善法」義也。因上言非身非説，一切皆無，遂謂佛得菩提亦無有耶？佛以雖無一切，不無菩提，彼無有少法可得，即菩提處，是無上菩提，即法界性。法界平等，在聖不增，在凡不減，以無我、人、衆生、壽者等相，清淨平等自相故，故名無上菩提。所云得菩提者，非可修爲造作而得之，當有無上方便，一切善法無不現證，一切善法無不妙覺，及遠離於一切我、人、衆生、壽者有漏之法，而證於無漏之果。無漏即善也，然是善法者，如來説爲非法，以善法有體，而證無所得理，法不相似，即爲非淨。然由彼有漏，可曰非善，即彼無漏，決定是善。故彼漏非是淨法，而此法離於有漏，即是清淨法故。所以修一切善法，是名善法，修而無修，證而無證，是即無上方便，是即清淨法也。以此爲因，即無所得，而無上菩提，更何有少法可得乎？

無著 **說法雖無記，非不得應知。由斯一法寶，勝彼寶無量。**

天親 **雖言無記法，而說示彼因。是故一法寶，勝無量珍寶。**

無著 **於諸算勢類，因亦有差殊。尋思於世間，喻所不能及。**

天親 **數力無似勝，無似因亦然。一切世間法，不可得爲喻。**

此釋「若三千大千世界中」至「所不能及」義也。使一切善法則得菩提，是善法攝，非無記攝也。若持説四句偈等言語文字，是無記攝，何以得菩提耶？雖言説屬無記法，而言説能示菩提之因，是言説即法寶也。此一法寶，足勝三千大千世界無量珍寶，故持説者所得福德之多，一切世間無有其喻能比況者。一者數勝，乃至算數所不能及；二者力勝，如强弱力不相等；三者類〔一〕勝，如貴賤人不相似；四者因勝，言彼不可與此爲因，故謂喻所不及也。菩提無上，而言説文字亦無上，所以謂之法寶，此豈可以無記法並論乎？

【箋注】

〔一〕底本作「類」，誤。兹據金剛經宗通卷六，改爲「類」。金剛般若波羅蜜經論卷下此偈之釋謂「三者不相似勝」，窺基金剛般若經贊述卷下引此偈之釋，作「三者無相似勝」，宗通將其概括爲「類」字。

無著 **法界平等故，佛不度衆生。於諸名共聚，不在法界外。**

天親 **平等真法界，佛不度衆生。以名共彼陰，不離於法界。**

無著 **若起於法執，與我執過同。定執脱有情，是無執妄執。**

天親 **取我度爲過，以取彼法是。取度衆生故，不取彼應知。**

此釋「汝等勿謂如來作是念」至「是名凡夫」義也。經云「實無有衆生如來度者」，謂平等一真法界之中，佛此法界，衆生此法界，寧有法界度法界耶？故佛不度衆生，以衆生之名，名無其名，衆生待五蘊而成，蘊無其蘊，總不離乎法界，何必度耶？若見有衆生可度，是取我能度衆生也，是即有取相之過，以著彼五陰等法是衆生故，即與我執過同。欲令衆生決定得解脱者，有如是相，故不應取。然如來雖無我取，而嘗説有我者，但爲凡夫顛倒妄取有我。故説有我，未爲聖者，未生聖人之法，故名凡夫。欲令衆生同歸於無我，爲度衆生之故，而説於我，其無我取可知。彼凡夫爲我所封，如來説即非凡夫。第一義中，更無凡夫可得，但以俗諦名凡夫耳。既無凡夫，何處有我耶？是凡夫之名，不離於法界，凡夫之我蘊，亦不離於法界，故佛不度衆生也。

無著　不應以色體，準如來法身。勿彼轉輪王，與如來齊等。

天親　非是色身相，可比知如來。諸佛唯法身，轉輪王非佛。

無著　即具相果報，圓滿福不許。能招於法身，由方便異性。

天親　非相好果報，依福德成就。而得真法身，方便異相故。

無著　唯見色聞聲，是人不知佛。此真如法身，非是識境故。

天親　唯見色聞聲，是人不知佛。以真如法身，非是識境故。

此釋「可以三十二相觀如來不」至「不能見如來」義也。佛問可以色身之相，比觀無相法身如來不？須菩提即知非是色身相可比知如來。佛乃然之，謂若以三十二相觀佛者，與轉輪聖王何以别乎？且轉輪聖王不得名佛者，謂諸佛真如法身，非相好果報而得，非福德成就而得，彼轉輪相好，但是果報，依多生所修福德成就，但得相好，而不得真如法身。如來得真如法身，方便示現三十二相，實與轉輪之相異也。夫真如法身，不係於相，其可以色身之相比觀乎？故説偈曰：「唯見色聞聲，是人不見佛。」秦譯止此，而唐譯又云：「應觀佛法性，即導師法身。法性非所識，故彼不能了。」偈云「以真如法身，非是識境故」，實指後譯，蓋如來法爲身，但應觀法性。法性者，所謂空性、無自性、無生性等，此即諸佛第一義身，若見於此，名爲見佛。然則攀緣法性，將非取著？以淨智心了知法性，而法性豈是所了知耶？是故經言：「法性非所見，彼亦不能知。」〔二〕凡可見者，即是識境，法身非是識境，故不可了知也。了知既不可得，而法身其可以相比觀耶？故經云：「應以諸相非相，觀於如來。」義備於此。

【箋注】

〔一〕「法性非所見」兩句實出自功德施菩薩造金剛般若波羅蜜經破取著不壞假名論卷下之

頌語。

無著　其福不失亡，果報不斷絶。得忍亦不斷，以獲無垢故。

天親　不失功德因，及彼勝果報。得勝忍不失，以得無垢果。

無著　更論於福因，爲此陳其喻。彼福無報故，正取不越取。

天親　示勝福德相，是故説譬喻。是福德無報，如是受不取。

此釋「汝若作是念」至「是故説不受福德」義也。如來固不可以相見，若執著破相爲是，謂不必具丈夫相而證菩提，如是則失功德修因，及失成就勝果報，是二乘偏空見也。菩薩發心者，必依智悲雙運，不説諸法斷滅相。智慧莊嚴，即是功德之因，福德成就，即是勝果報，不失功德而證菩提，此其所以爲勝因勝果也。故七寶布施，雖得福德，不離有漏。若知一切法無我，得成於忍，是不住相布施，證二空智，所得福德，清淨無垢，非世福所及。以是勝忍，得無垢果，是勝福德相，故曰「勝前菩薩所得功德」。何以明其爲勝耶？菩薩一切無我，雖有福德，而不受其報故，所以不受者，不見福德可貪著故。若取福德，即住生死，雖得福報，但同輪王，不名爲佛。惟其不取，即證無生，因既無漏，果亦無漏，雖不失功德，及彼勝果報，實不受報，無彼有漏報故。如是取者，名爲正取，故名無垢果，此其所以爲勝也。

無著 **彼福招化果，作利有情事。彼事由任運，成佛現諸方。**

天親 **是福德應報，爲化諸衆生。自然如是業，諸佛現十方。**

無著 **去來等是化，正覺常不動。**

天親 **去來化身佛，如來常不動。**

此釋「若有人言」至「故名如來」義也。上言不受福德，何故如來化身出現受福耶？不知如來福德應報，種種莊嚴，但爲化導衆生之故，任運無心，有感即應，所以諸佛出現十方，如月印千江，乃自然而然有此事業，非真有去來於其間也。去來乃化身佛耳，化如幻化，本非真有。若法身如來，清淨周徧，來無所從，去無所至，常自不動，豈有去來坐卧之相耶？若能解佛所説如來之義，是出現之佛尚自無有，寧有受福之事哉？

無著　**彼於法界處，非一異應知。微塵將作墨，喻顯於法界。**

天親　**於是法界處，非一亦非異。世界作微塵，此喻示彼義。**

無著　**此論造墨事，爲障煩惱盡。非聚非集性，顯是非一性。**

天親　**微塵碎爲末，示現煩惱盡。非聚集故集，非唯是一喻。**

無著　**於彼總集性，明其非異性。不了但俗言，諸凡愚妄執。**

天親　**聚集處非彼，非是差别喻。但隨於音聲，凡夫取顛倒。**

此釋「以三千大千世界碎爲微塵」至「貪著其事」義也。即上言化身有去來，法身常不動，中間實無一異之相，故佛以法界明之，去來坐卧，不離於法身，譬如微塵不離於世界，不可謂一，不可謂異。故諸佛如來，於真如法界中，非一處住，亦非異處住。何以明其非一亦非異也？彼世界碎爲微塵，所以喻彼法身現起去來坐卧之義也；微塵碎爲末，而成一虚空世界，所以喻彼煩惱盡而證於無相法身也。彼太虚空，非以微塵聚集之故，集成世界，是微塵本自無性，非有以合之而成世界，此不可爲一之喻也。又微塵聚集處，非彼世界能作微塵，是世界本無自性，非有以散之而成微塵，此不可爲異之喻也。法身即是化身，非一處住，化身即是法身，非異處住，孰見其分合之事哉？但凡夫不悟世界本空，以爲實有一合之相，是於非有中見有也，是於不可説中而妄説也，但隨世俗音聲，取著顛倒不實之事，猶彼小兒如言執物，惡知其非真哉？一合且非真，又何有於差別？

無著　**斷我法二種，非證覺無故。是故見無見，無境虛妄執。**

天親　**非無二得道，遠離於我法。見我即不見，無實虛妄見。**

無著　**由此是細障，如是知故斷。由得二種智，及定彼方除。**

天親　**此是微細障，見真如遠離。二智及三昧，如是得遠離。**

此釋「若人言佛説我見等」至「是名法相」義也。無上菩提之道，雖無一法可得，須得人空智、法空智，乃能證入。故曰非無二智可以得道，須遠離於我相四種、法相四種，而後可證也。若見有我、人、衆生、壽者，即不見於菩提，不知是四相者本非實有，以其無實，即是無物，故説我見即是虛妄見。若見有法相者，亦不見於菩提，故發菩提心者，應如是知見信解，不生法相，以見法相，即不見相，如彼我見，即不見故。何故此二見説名不見？此是微細智障，俱生人執、俱生法執，此名細障。見於真如，即得遠離此障。何以得見真如耶？謂如是知，如是見，如是信解，即得人空慧，即得法空慧，是謂二智。知依定生，見依慧生，信解依定慧等持而生，是謂三昧。有是二智及三昧，即於法而離法，於相而離相，不生法相，即無所住，而能降伏其心矣，何二障之有哉？

無著　**陳福明化身，非無無盡福。諸佛説法時，不言身是化。**

天親　**化身示現福，非無無盡福。諸佛説法時，不言是化身。**

無著　**由不自言故，是其真實説。**

天親　**以不如是説，是故彼説正。**

此釋「若有人以滿無量」至「如如不動」義也。化身雖無自體，然示現説法，所得福報，非悉歸於空也。彼以無量無數世界七寶布施，得福無盡，而發菩薩心者，持説此經，即代化佛而説法也，所得福報，勝彼無量布施，非無無盡之福也。云何演説即勝彼耶？謂諸佛説法時，皆如真實，不取於相，不言我是化身，有能説所説之相。今演説者，如彼真如，不取於相，亦無能説所説之相，如不爲他宣説開示，故名爲他宣説開示。「以不如是説」，由作如是不正説故；「是故彼説正」，爲此名彼以爲正説也。如是演説，即是無法可説，與化佛無異，其得福無盡，何疑哉？

無著 **如來涅槃證，非造亦不殊。此集造有九，以正智觀故。**

天親 **非有爲非離，諸如來涅槃。九種有爲法，妙智正觀故。**

無著 **見相及與識，居處身受用。過去并現存，未至詳觀察。**

天親 **見相及於識，器身受用事。過去現在法，亦觀未來世。**

無著 **由觀察相故，受用及遷流。於有爲事中，獲無垢自在。**

天親 **觀相及受用，觀於三世事。於有爲法中，得無垢自在。**

此釋「何以故」至「應作如是觀」義也。演説者既如如不動，何故如來入涅槃耶？然如來涅槃，不住於有爲，亦不離於有爲。如九種有爲法，以般若妙智觀之，常即無常，無常即常，故化身不礙於法身，而法身不礙於涅槃也。所云九種者，如星、翳、燈、幻、露、泡、夢、電、雲，單指一事一喻，則如甚深十喻，所謂一切業如幻等。謂見如星，智出則没；謂相如翳，由病目生；謂識如燈，念念相續；謂器如幻，無一體實；謂身如露，暫時住耳；謂受用如泡，滴成即散；謂過去如夢，但由憶生；謂現在如電，刹那不住；謂未來如雲，含潤爲雨。具如前解。愚謬解謂見分、相分，及於八識微細之事。相分所攝，謂外而器界，内而根身，及資財受用等，固是有爲之法。見分所攝，過去所作善惡業緣，及現在作用諸法，藏於八識田中，復爲未來世種種受用，亦是有爲之法。「觀相及受用」，横亘十方；「觀於三世事」，豎窮三際。能以妙智觀之，如夢如幻等，倏生倏滅，本未嘗有，是於有爲法中，得清淨無垢也。既無生滅，如如不動，是於有爲法中，得大自在也。是真如法身，本非有爲，亦非離於有爲。惟其非有爲也，本未嘗來；惟其不離有爲也，本未嘗去。是如來者，如本無去來；説法者，如如本自不動。塵説刹説，本無間斷，又何泥於入涅槃之相哉？作如是觀者，是爲正觀，非般若妙智，其孰能如是？

無著　由斯諸佛希有法，陀羅尼句義深邃。

天親　諸佛希有總持法，不可稱量深句義。

無著　從尊决已義廣開，獲福令生速清淨。

天親

從尊者聞及廣說，迴此福德施羣生。

曾鳳儀曰：此偈乃彌勒菩薩授之無著，無著授之天親者也。其中微詞奧義，未易曉了，賴無著、天親各著論，論各簡密，疏者數十餘家，唯長水子璿刊定記號爲精當，中引彌勒偈殊未盡。近得廬陵賀德輝居士所刻金剛經與偈俱，復不載彌勒授受因緣，且偈不分疏，讀者難之。儀不敏，謬爲金剛宗通，并録此偈重釋之，以請正於四方善知識。

附録一　曾鳳儀文獻史料輯録

一、曾鳳儀個人詩文

密藏道開禪師遺稿卷首刻大藏願文

往在吴中，聞達觀、密藏兩大師欲刊大藏因緣，私竊喜之，恨不旦夕就。不自意復從傳金沙諸君子畢是願也。歲丁亥上元，密藏師約赴龍華道場，各發願言，成就是事。鳳儀稽首向佛，而説願言曰：

山河大地本清淨，云何世尊出世間？四十九年所説法，胡爲在在咸欽仰？良由衆生夙業重，非此莫能成解脱。試觀末世諸苦楚，何者不由貪嗔癡？使得一聞半句偈，豈不回心證所有？奈何經義久寂寥，縱能持誦不自解。儻使大藏遍十方，十方應有發心者。開今既已作是念，我等寧無贊歎心。願輪生平俸所得，積日累年證斯果。更爲廣約諸同好，隨所布施報佛恩。唯願諸神咸擁護，務俾佛法廣流傳。凡我同盟諸君子，生生世世爲眷屬。三世諸佛作證盟，當知所願必成就。南嶽居士曾鳳儀薰沐拜手書

（據嘉興藏第二三册）

楞嚴經宗通卷首楞嚴宗通緣起

昔天台智者，師我南嶽思大禪師，獲證法華三昧。睹靈山一會，儼然未散，自是閱諸經典，涣然冰釋。及解法華六根清淨義，沉吟久之。有西域僧謂曰：「唯首楞嚴經，著明六根功德，足與相證。」智者於是渴慕，每昕夕望西遥拜，如是者積十六歲，南嶽天台寺左畔有拜經臺遺址云。距智者後百餘年，楞嚴始入中國。經屬房相筆受，文字爾雅，宇内學士大夫多誦之。余凡三至拜經臺，輒徘徊不忍去。竊歎古人繫懷聖典，積十餘載不及見，今楞嚴盈書肆，乃棄置不復觀，何也？余因發心書楞嚴於石，命工鐫刻，以次砌成石室，俾造拜經臺者，周環讀之，咸曰經來也，庶爲智者補一欠缺事。方操筆端書間，忽作是念：余所書者，字也，非義也。智者欲此經之來，無非欲人人知有此經義爾。如玄沙備頭陀，

因閲楞嚴，發明心要，是深於義者。乃至靈岩安、長水璿、竹庵圭、黄龍南及紹隆安民等，靡不因楞嚴而有悟，此諸宗師不孤此經之來也已。若因文解義，句釋字訓，漸疏漸徹，累至數十家，而經義愈遠，則不求諸心之過也。故能得諸心，此經雖未至，而智者依教立義，往往與楞嚴合。不得諸心，雖日對楞嚴，而此經猶然在西域也，即充塞棟宇奚益？宗師家務掃除文字見解爲不足尚，有以哉。然諸宗師出詞吐氣，接引初機，語意多似楞嚴。至發明向上，證入菩提，則與二十五圓通機緣無異，即不誦楞嚴，而楞嚴具在，即楞嚴不至此土，而此土未始無楞嚴也。余不自揆，遍採宗語，配合經文之後，或與暗符，或與互見，或推衍其意，或發所未發。念之所到，隨取隨足，余亦不自知其湊泊一至於此，豈天地間合有此種議論，而余多生夙願，固欲藉是宣楞嚴之義耶？是借諸老宿以明經，而非以我明經也，抑即宗以明經，而非以文字見解明經也，遂名之曰宗通。「宗通」及「説通」，當有自得於心者與？諸老宿披襟相見，不但楞嚴一會儼然未散，而智者亦至今在。南嶽山長金簡曾鳳儀舜徵父題

（據卍續藏第一六册）

楞伽經宗通卷首楞伽宗通緣起

余甲申自長洲歸，暫憩嘉禾，遘達觀、密藏二衲，若夙契云。日從咨詢，禪悦游意乎方之外。一夕，夢履兜羅綿界，覩慈尊，容貌甚偉，肅躬伏謁，欽承教語。語曰：「分別是識，無分別是智。」旦起，問二衲此語當出何經，僉曰似楞伽語。遽取楞伽，徧索之，弗得。逮丁酉，鄉衲度門入京師，快説楞伽三譯，津津不倦，曰：「安所得覺範筆一論著之耶？」一時大行王道，安於諸内典靡不精詣，余謂：「非道安莫成此論。」已，道安請告歸里，聞憨山清公入粤，道出螺川，敬拜以屬之。憨山寓雷陽不三載，而筆記出矣，余於憨山稱莫逆，自癸巳造訪牢山後，音問寥寥。得筆記讀之，不啻面潭。始讀之灑然，再讀之則疑，三讀之則有所更定，不覺盈紙。復取三譯覈之，宋譯雋永有餘味，故不可易；至棘句倒語，非證之魏、唐二譯則不可曉。筆記節分條列，燦如指掌，令讀者易於參訂。余亟取之，更爲斟酌舊注，融會三譯，間出胸臆，或前人所未道，要於申暢簡奥，不使有楞伽難讀之嘆而已。昔初祖語二祖曰：「此楞伽四卷，可以印心，不數傳，後當爲名相之學。」嗟乎！千載而下，求其能明名相者亦罕矣，況印心乎哉？竊計宗門證入自覺境界，一期垂語，未必不與楞伽符。乃謬取尊宿機緣，綴附章末，與其以經明經之爲通也，毋寧以宗明經之爲通也。以經明經，僅以意爲分別；以宗明經，似當分別於無分別者。分別則説通，無分別則宗通。宗通，則心一經也，經一心也，庶幾無違於初祖印心之義，而此四卷佛語心品，其指歸端不外是。何意慈尊以夢詔之，垂二十年，而余始以夢成之，豈亦事有前定而幾先見之耶？且魏、唐二譯，多前勸請品及末偈品、陀羅尼品，余所夢「無分別是智語」，實在偈品中。因并録之，無敢忘慈尊所以詔余之意。若夫智證無分別，則茫乎未有入也。然偈品中授記龍樹，已得初地，於此經典大有闡明，竟能生於淨土。是則傳祖衣者，當持此經，歷階級者，當持此經，而求生淨土者，尤不可不篤信此經也。敬述其顛末，以付剞劂，俾明眼者觀之，咄云：「何更夢中説夢！」是所望於同參。南嶽山長金簡曾鳳儀舜徵父書

（據卍續藏第一七册）

徑山志卷八與鎧公

吉州晤對，宛如平生，豈非多劫同參，偶爾相逢也？別去令人悵望不已。未幾，有傳彈射吴本如者，牽連尊名，亦入章内，竊爲足下甚喜。芙蓉被遣，大慧遭謫，此自古大善知

識方遇如此鉗錘，恨不與紫柏尊者同遇王難。令千載而下，想見清風，以爲是師是弟不忝法門龍象爾。兹辱手書，似有不平之歎。世事浮雲，何足歎也？憨公於四月十六，已從湖東起行，云：「於廬山過夏，近有報矣。」至金壇尚未得的音，此老顓爲紫柏塔銘而來，欲踐生前之約。明春必且入徑山，非足下盡心經營，未易了此一段公案。倘不佞得遂所請，共得相送，真是多生有緣矣。

（據中國佛寺史志匯刊第一輯第三二册）

雪峰志卷九遊雪峰八偈

當年龍象隱煙霞，不許浮名向世誇。只爲禪門多淡薄，衲僧傳入帝王家。

山河大地一禪床，出世隨緣總不妨。覽勝未忘行腳意，前舟或恐是曾郎。

踏遍千山與萬山，力窮始到雪峰間。一看象鼻渾無事，不負飛雲獨往還。

千百緇僧盡向真，寸絲粒米豈無因。而今冠蓋如雲者，盡是當年設供人。
擬向南山鱉鼻蛇，到來僧户論桑麻。秪今野老無顰蹙，天下升平共一家。
春日閑遊到上方，偶逢茶飯説家常。祖師關棙何由識，慚愧跏趺卵塔傍。
木毬辛苦等拈花，百萬人中驗作家。收拾將來歸舊處，令人千古憶玄沙。
鼇山頂上暫回光，帶鎖擔枷住此方。忽遇雲門來勘破，頓教衲子氣如王。
（據中國佛寺史志匯刊第二輯第七册）

明州阿育王山志卷十禮鄮山舍利兼贈秘藏法師

暫息車塵躡草堂，因參舍利印空王。芬陀香落諸天翠，窣堵幽舒五色光。踈磬謾隨蕉雨寂，閑雲猶帶竹風長。通宵喜聽生公法，裊裊茶烟蓋上方。
（據中國佛寺史志匯刊第一輯第一二册）

沅湘耆舊集卷十九入方廣閲藏

獨上招提靜掩扉，青蓮朵朵漾晴輝。齋分香積和雲供，步引金繩夾日飛。澗水時清居士耳，溪霞巧映定僧衣。少林傳得空王印，印著空山第一機。

（據岳麓書社整理本）

蓮峰志卷五詩和陽和張太史二賢祠韻

攬勝名山此□肩，蓮花深處足風煙。閑臨定水心無事，況是陽春二月天。

（據中國書店船山遺書本）

二、有關曾鳳儀的其他文獻

湖廣通志卷五十五

曾鳳儀，耒陽人，萬曆癸未進士，歷儀曹郎。與岳元聲、顧允成等同倡議建儲，尋致仕。與諸同志建集賢書院於衡嶽，祀昌黎、鄴侯、清獻、濂溪四君子。會晦菴、南軒祠火，鳳儀復迎兩主，合祀書院中。又購田紀石以資肄。晚頗怡情釋典，注楞嚴、法華、圓覺、楞伽諸經，名曰宗通。卒年八十餘。

（據文淵閣四庫全書本）

王夫之蓮峰志卷三名遊

王夫之曰：「爲楚人，趾名山下，望岳如衣袂，而或不得游。至岳矣，或不取徑方廣。徑方廣矣，或詩與文莫助之。又或吟且記，而人不足以將之，若嚴分宜之流，下迨周聖楷，又不可勝數。而趾岳之下，幾爲虛挾。曠古以來，登林岫者永嘆隆邱，非此物邪？衡山先代無人士，宋初有朱昂者，以詩著乾德間，今於岳無考，況方廣乎？而湘潭彪居正德美侍兩夫子游，亦怯寒不果，殊爲嘆詫。明興，衡人游者雖不一足，以予所聞，岣嶁祝子習於岳者，而闕然此峰無可憶拾。近則伍定相學父見於詩序。蓋至方廣，吟詠訖寂。陳太常宗契，詩流也，而無登於舊志，俱不得採。採者三人。曾文簡公諱朝節，字直卿，官大宗伯，以文望清節著神廟時，與陽和張太史之流遊方廣，有詩，見後卷。時同遊者，伍讓益齋，工隸楷，善詩，以大參歷貴州學使；曾鳳儀舜卿，世江西，僑耒陽，修白業，早歲棄官，歸卧峰下。三君子以有托傳，非他湮没比，千祀之下會有知者，揣予所記，或籍之以永世。奇尤相逼，孤騫不誚，我以答三君子也。」

（據中國書店船山遺書本）

劉獻廷廣陽雜記卷二

衡嶽集賢書院在集賢峰下，祀李鄴侯、韓昌黎、趙清獻、周濂溪、羅洪先五先生。明太常夏良卿謫守茶陵時，同編修張治、知縣彭簪所議建者。後因朱晦庵、張南軒二祠毁於方廣，郡人曾鳳儀重修是院，遂以朱、張二子之主附之，春秋合祀焉，今亦以僧守之。書院地基頗寬敞，屋宇皆修整，守祠者有數僧，差覺不寂寞。環院皆松篁，左數武爲退子頭，胡文定公專祠在焉。又半里爲湛甘泉書院，院旁紫雲洞，左上有陳白沙先生祠。甘泉少承白沙之學，以白沙嘗寤寐衡嶽，卒於是，構祠於此。院左有甘泉坐石，有端默石，有甘泉洞。

（據中華書局整理本）

明史藝文志

曾鳳儀明儒見道編二卷。

（據中華書局整理本）

黄虞稷千頃堂書目卷八

曾鳳儀衡山志八卷。

（據上海古籍出版社整理本）

袾宏雲棲大師遺稿卷一答湖廣曾金簡儀部

周君寄至楞伽、心學、東遊三刻，臥疾沈困，兼復行促，纔染指，已知有深味矣。荷虛懷使言，容更詳覽。儻有愚見，日後便中呈上。觀緣、因明二序，發明二論旨趣，言簡意盡，足名妙解。彼僧博覽强記，亦誠可佳。序文大爲得體矣。

附曾鳳儀與雲棲大師書

數年之中，得再瞻法座，獲承印可，不啻遊樂邦，親蒙導師授記，感如之何。昨不自揣，謬以楞伽、楞嚴、金剛三宗通請正大方，冀幸明眼宗師有以鉗鎚我也。或得一言半句互相切劘，豈徒不肖之幸，實無量衆生之幸也。不肖白衣，豈宜妄與教典，六祖有言，佛性本無南北，獦獠之別。往見月川、憨山每引宗語證經，有當不當，竊不以爲然。自己亥坐少林四十餘日，偶聞鐘聲，忽有省入，始信一切世諦語言總與實相不相違背，何獨於佛語而二之？遂以權爲實，以實爲權，無不可者。若宗教屹然分爲二途，於佛語中自分淺深，難以通矣。故宗教分則諍，通則無諍。不肖亦欲同歸無諍，大師其謂之何？別具二序，爲高徒紹覺結緣冥冥之中，幸批示可否。尤感。

昨春造詣門屏，冀領矩誨。適值尊足有恙，坐卧相對，已結勝緣。接談數語，不啻遊極樂、聆法音也，感如之何。夜共高足慧文論經，豁我心目。足知門下龍象踵接肩摩，未易縷指。別法席，出遊淨慈。適陶石梁春元以令徒紹覺所著因明論、成唯識論二解命爲之序，不辭淺陋，僭題篇端。更託石梁請正門下，乃可授梓，不知曾達此意否？如有未當，幸爲改正是望。如生謬爲楞嚴、楞伽、金剛三宗通，麤淺簡略，知爲作家所笑。然欲藉是種般若因，稍備淨土資糧，固不自覺其醜。唯大師具眼，知我負墮處，懇乞指示，以便改圖。且願筆之首簡，指迷來學，豈但有裨生一人已也。至禱至禱！兹寄上楞伽、心學、東遊草呈覽。外金剛中有未善，已改刻，續託周丈寄上。餘不多及。

（據嘉興藏第三三册）

真可紫栢老人集卷二十八懶瓚歌贈曾金簡

我聞君家住衡岳，出入常隨猿與鶴。消閒更解弄潺湲，絶勝風塵爭奕博。又聞衡岳有懶瓚，只會穿衣并喫飯。衆生苦海正浮沉，隈藏岩畔渾不管。丈夫兒，既出世，不爲衆生作何事。焦芽敗種非大根，唯堪打殺餧狗子。普天之下皆王土，汝獨潛心恣懶惰。假使天下都學汝，衆生淪墜復誰度？懶病不除害非淺，此風從今不可扇。君不見天子懶惰社稷亡，丈夫懶惰家不昌。農夫懶惰致餓死，蠶婦懶惰蠶必僵。汝這漢，没思算，專以習懶爲慣便。懶病既成無藥醫，平生一事無所辦。汝不聞如來呵懶爲毒蛇，昏蔽靈臺苦無涯。頭出頭没生死中，幾能得覩優曇花。君既歸懶瓚，想必舊相知。爲我殷勤致此説，從今勿以懶爲辭。聞此説，仍不改，猶復松蘿貪自在。與我一拳打殺伊，敢保長劫無罪債。只恐君，力量小，反被懶瓚到打倒。一場敗闕天下聞，惹得兒孫聚口笑。

（據卍續藏第七三册）

德清憨山老人夢遊集卷十七與曾金簡儀部

那羅延窟，古佛道場，毗盧親口授記處，沉埋海隅，千百年爲蔑戾車之所倒置。山僧初以避魔至此，然不知撞入魔界，信乎業屬前緣無逃者。此時更無神通法力可使，唯只拋擲身心，隨順忍受，不與魔冤作對耳。又何敢誇禪定解脱，融通理事無礙哉？嘗思法華囑累，末世利生，第一當起大忍力、大精進力。悲夫黄面老，深有懼於此時也。然山僧自揣非大忍力、大精進力，又何以拔魔幟、樹法幢哉？承足下見示縛解之意，信乎法性原無彼此。嘗謂世出世間，乃生與無生之異耳。然日用現前，種種業幻，諸流轉者，皆生死因。若不爲所轉，不忘境界，有可忍者，謂之生忍，不見可忍，亦無忍者，爲無生忍。若忍至無生，則無不忍矣，心境如如，亦爲寂滅。然所稱魔業，不獨冤對爲然，即凡當人起心動念，不順解脱，戕害法身，逼惱正性者，皆魔屬也。吾人有志做工夫、出生死者，不能忍此，又何以稱有力大人？我輩生居堪忍中，若此處不破，則無可破者，固當直以大忍力、大精進力，爲第一義諦耳。無論道緣前定不前定，功力齊不齊也。足下其信然之耶？見面爲難，不覺漏逗至此。

又

昔承蜚光，照臨海印，真不世良緣，頓成金剛種子，永劫不磨，終當透骨而出。此大丈夫之能事，非居士大力量人一肩擔荷，孰敢正視？別後因緣，無從委悉起居之狀，諒已深入如幻三昧，當動靜不二也。貧道向爲山鬼所弄，加之夙業障緣，致茲嚴譴，是雖有玷法門，且幸增上道力，所云大火所燒，此土安穩，非妄語也。古人每以苦事爲助道增上緣，得力處正在於此。居士聞之，將爲塗毒鼓耶？今業已荷戈半載，適當歲時大凶，疫癘交作，民物凋殘，良可悲愍。是故於菩提心，轉更增勝。第此幻化空身，居然火宅中也。毗耶法會，對談不二，端在何日。惟同體之悲，定惟此枯朽頭陀，時時瞥興妄想也。

（據卍續藏第七三册）

密藏道開禪師遺稿卷上復曾舜徵居士

來諭謂「夢者夢，知夢者未始夢」，此未免將夢者與知夢者判爲兩箇，過在心外有法，法外有心。又云「當其夢時，孰爲不夢者」？此未免將夢與不夢分爲兩橛，過在撥冰覓水，舍器求金。離此二途，脱將夢者與知夢者，夢者與不夢者融通互攝，非一非二，有如永嘉所謂「實性即佛性，空身即法身」，亦未免認賊爲子，唤奴作郎。審既爾，畢竟作麼生話會？居士若向這裡不眨眼，佇思定奪得出，如在大火聚中將夯得一莖眉毛來，則暫許居士作箇同參。雖然如此，亦只是教乘極則，禪門下若向上事，未夢見在，蓋能同條生，不能同條死也。其或未然，切須猛著精彩，極力覷破，要知此事不比尋常，非是筆舌聰明境界，須是一番寒徹，一番覿面始得，居士其自勘之。（據嘉興藏第二三册）

密藏道開禪師遺稿卷下與曾舜徵居士

經云：發心畢竟二不别，惟是二心初心難。蓋因地不真，果招迂曲。因心靡獲，果覺無階，即有事脩持，盡名癡行。故曰：但貴子眼正，不貴子踐履。又雲門大師云：光不透脱有兩般病。一切處不明，面前有物是一。透得一切法空，隱隱地似有箇物相似，亦是光不透脱。又法身亦有兩般病。得到法身，爲法執不忘，己見猶存，墮在法身邊是一。直饒透得，放過即不可，子細點檢將來，有甚麽氣息，亦是病。向觀居士見處，大都在雲門四種病中蹲坐出入，别來面目不委，復作何狀，爲復仍舊，爲有新得？幸將此語自診自候，務在眼得其正，斯向一切處行履，自無墮坑落塹之患矣。信菴老師得參謁于吳門，云不久將入燕都，家老師由峨眉反南嶽，挂錫未久，即發金陵，其留心南嶽甚惓切，且有結菴之願也。尊翁老先生及晉明居士皆未及面，蓋以老師行速故耳，呵凍不盡。

（據嘉興藏第二一三册）

王世貞弇州續稿卷一百六十題所書詩與曾生

吾友曾舜徵，衡楚間名士也。吾往歲以文拔舜徵於楚棘中，褎然首冠，蓋三戰而三不勝。一日來謁余，問：「先生讀何書？何所結撰？有以教我否？」余謂：「讀書垂五車，一句不得用；著書餘二百卷，一字不足存。」舜徵俯首大快，以爲會心至訣。將别，忽出高麗精繭，乞書近詩。余亦漫爲應之。既滿卷，始悟而笑曰：「乃令我作誑語人，舌不至鼻乎哉？雖然，吾向者猶不能忘工拙，今乃並忘之，是以拙日甚也。子以爲足存或不足存，是不在我，雖然，子而忘我拙，必能忘子之工。忘則純，純則天，惟無戰，戰且必勝哉！」

（據文淵閣四庫全書本）

鄒元標願學集卷一別曾舜徵儀部（二首）

結髮爲兄弟，恩愛永不離。羽翮既差池，幾度長相思。一見一回老，悲喜不自持。所嗟津途遠，問道何多歧。前驅日已暮，策足可遲遲。

君處衡之南，我處湖之西。悠悠一水間，遼闊淵與泥。言笑方衎衎，征馬苦長嘶。一間若未達，猶墮千劫迷。莫年戒在得，聖訓豈無稽。

（據文淵閣四庫全書本）

鄒元標願學集卷四東遊草序

曾舜徵端凝深造，余四十年畏友也。兩年過我玄亭，班荊累月，相視莫逆於心。徂秋辭我，泛舟南海，予送江干，語曰：「子其遊乎！歸來，爲爾序遊草。」乃今歲夏歸，貺余遊稿一帙，曰東遊記，予披閱之，所至會友，切劘名理，不知者曰舜徵爲禪伯，知者曰理無二致，悟者自取。舜徵貌甚樸，眉目隱隱有煙霞氣，海宇名勝，履跡殆半。余自還山，足不越步武，即此一事，媿舜徵已多，而況其它。幸有兹編在，時時箕踞長松下讀之，足當卧遊矣。

（據文淵閣四庫全書本）

胡直衡盧精舍藏稿卷十别曾舜徵序

夫研窮非不學也，然而滯物高儒，未嘗入其門焉。禔修非不學也，然而泥跡通儒，未嘗入其門焉。主敬而嚴，主静而寂，非不學也，然而涉念聖儒，未嘗入其門焉。夫聖儒曷宗？宗乎盡性而已。性之體，非有内外、虚實、動静之别，亦非有先無後有、先寂後感之異，尤非可以知識求、意見測。語其量則囊括宇宙，發育萬物，而其實不越乎至微。學者誠得其微，非不研窮，由吾性而窮焉，則雖物非物也；非不禔修，由吾性而修焉，則雖跡非跡也；非不敬以静也，由吾性敬静而無所主焉，則雖念非念也。是故其學能開物成務，裁成輔相，盡人物天地之性而不爲勞。夫盡性不勞，則真全不毁矣，故又曰盡性以至於命。性也，儒者知言之，而不達微之體，故襍百氏。微也，老釋能言之，而不求盡之之功，故成二氏。甚哉，知微之難言也。耒陽曾子舜徵，自衡五百里，訪予孟山之麓，留十日，與語聖人盡性宗旨，而莫予逆也。已而浸及於微，舜徵躍然，屬予著之篇以示人。嗟乎！道心之微，自虞廷啓之，予雖未深知，而曷敢愛言？雖然，舜徵寧知今之患乎？患不在不知微，而在知微也。不知微之患，譬之食蘇藿者，其病吐，吐者易療；知微之患，譬之食參耆者，其病茹，茹者難洩。子盍觀於今之士，可省也。雖然，又有譬焉：外入者非家寶，貨羨者非居積，然則予非患知微，而患真知者之艱也。子行，勉哉！子將聖儒其志，盡性其宗，精之一之，乃見其微，以執於中，姑毋多談。

（據文淵閣四庫全書本）

顧允成小辨齋偶存卷六答曾金簡儀部

沈祁陽歸，拜手翰之辱，空谷足音，喜慰曷似。至以大學忠告見貽，尤感年丈之不以戔戔而棄我也。弟嘗妄意陽明先生提良知，似虛而實；見羅先生提修身，似實而虛。兩者如水中月，鏡中花，妙處可悟而不可言，真所謂會得時活潑潑地，會不得只是弄精神者也。今鄒南皋全用掃法，而年丈半用接法，正不妨相與爲春秋冬夏四時行耳，如何如何！

（據文淵閣四庫全書本）

附録二　引用書目

八識規矩頌解，〔唐〕玄奘譯，〔明〕真可述，卍續藏第五五册。

禪源諸詮集都序，〔唐〕宗密述，大正藏第四八册。

成唯識論，〔唐〕玄奘譯，大正藏第三一册。

傳法正宗記，〔宋〕契嵩編修，大正藏第五一册。

大般涅槃經，〔北涼〕曇無讖譯，大正藏第一二册。

大般若波羅蜜多經，〔唐〕玄奘譯，大正藏第五至七册。

大藏一覽，〔明〕陳實編，姚舜漁重輯，嘉興藏第二一册。

大方便佛報恩經，〔東漢〕失譯，大正藏第三册。

大方等大集經，〔北涼〕曇無讖譯，大正藏第一三册。

大方廣佛華嚴經，〔唐〕實叉難陀譯，大正藏第一〇册。

大方廣圓覺修多羅了義經略疏，〔唐〕宗密述，大正藏第三九册。

大佛頂如來密因修證了義諸菩薩萬行首楞嚴經，〔唐〕般刺蜜帝譯，大正藏第一九册。

大唐西域記，〔唐〕玄奘口述，〔唐〕辯機編纂，大正藏第五一册。

大智度論，〔後秦〕鳩摩羅什譯，大正藏第二五册。

法苑珠林，〔唐〕道世撰，大正藏第五三册。

佛本行集經，〔隋〕闍那崛多譯，大正藏第三册。

佛果圜悟禪師碧巖録，〔宋〕重顯頌古，〔宋〕克勤評唱，大正藏第四八册。

佛説能斷金剛般若波羅蜜多經，〔唐〕義淨譯，大正藏第八册。

佛説仁王般若波羅蜜經，〔後秦〕鳩摩羅什譯，大正藏第八册。

高僧傳，〔梁〕慧皎撰，大正藏第五〇册。

古尊宿語録，〔宋〕賾藏主集，卍續藏第六八册。

憨山老人夢遊集，〔明〕德清著，福善、通炯等編，卍續藏第七三册。

宏智禪師廣録，〔宋〕集成等編，大正藏第四八册。

華嚴經金師子章註，〔唐〕法藏撰，〔宋〕承遷註，大正藏第四五册。

黄檗山斷際禪師傳心法要，〔唐〕裴休集，大正藏第四八册。
金剛般若波羅蜜經，〔後秦〕鳩摩羅什譯，大正藏第八册。
金剛般若波羅蜜經，〔北魏〕菩提流支譯，大正藏第八册。
金剛般若波羅蜜經論，天親菩薩造，〔北魏〕菩提流支譯，大正藏第二五册。
金剛般若波羅蜜經論，無著菩薩造，〔隋〕達摩岌多譯，大正藏第二五册。
金剛般若波羅蜜經破取著不壞假名論，功德施菩薩造，〔唐〕地婆訶羅譯，大正藏第二五册。
金剛經感應傳，卍續藏第八七册。
金剛經解義，〔唐〕惠能解義，卍續藏第二四册。
金剛經疏記科會，〔唐〕宗密疏，〔宋〕子璿記，〔清〕大璸科會，卍續藏第二五册。
金剛經註解，〔明〕洪蓮編，卍續藏第二四册。
金剛經纂要刊定記，〔宋〕子璿撰，大正藏第三三册。
金剛三昧經，〔北涼〕失譯，大正藏第九册。
金陵清涼院文益禪師語録，〔明〕圓信等編，大正藏第四七册。

景德傳燈録，〔宋〕道原纂，大正藏第五一册。
聯燈會要，〔宋〕悟明集，卍續藏第七九册。
梁朝傅大士頌金剛經，〔梁〕傅翕撰，大正藏第八五册。
林間録，〔宋〕惠洪撰，卍續藏第八七册。
林泉老人評唱丹霞淳禪師頌古虚堂集，〔宋〕子淳頌古，〔元〕從倫評唱，卍續藏第六七册。
林泉老人評唱投子青和尚頌古空谷集，〔宋〕義青頌古，〔元〕從倫評唱，卍續藏第六七册。
六祖大師法寶壇經，〔元〕宗寶編，大正藏第四八册。
密藏開禪師遺稿，〔明〕道開著，嘉興藏第二三册。
能斷金剛般若波羅蜜多經論釋，世親菩薩造，〔唐〕義淨譯，大正藏第二五册。
龐居士語録，〔唐〕于頔編，卍續藏第六九册。
瑞州洞山良价禪師語録，〔明〕圓信等編，大正藏第四七册。
善慧大士語録，〔唐〕樓穎録，卍續藏第六九册。
宋高僧傳，〔宋〕贊寧撰，大正藏第五〇册。
潭州溈山靈祐禪師語録，〔明〕圓信等編，大正藏第四七册。

天聖廣燈録，[宋]李遵勗編，卍續藏第七八册。

萬松老人評唱天童覺和尚拈古請益録，[宋]正覺拈古，[金]行秀評唱，卍續藏第六七册。

萬松老人評唱天童覺和尚頌古從容庵録，[宋]正覺拈古，[金]行秀評唱，大正藏第四八册。

維摩詰所説經，[後秦]鳩摩羅什譯，大正藏第一四册。

文殊師利所説摩訶般若波羅蜜經，[梁]曼陀羅仙譯，大正藏第八册。

五燈會元，[宋]普濟集，卍續藏第八〇册。

銷釋金剛經科儀會要註解，[宋]宗鏡述，卍續藏第二四册。

續傳燈録，[明]居頂輯，大正藏第五一册。

瑜伽師地論，彌勒菩薩説，[唐]玄奘譯，大正藏第三〇册。

雲棲大師遺稿，[明]袾宏著，嘉興藏第三三册。

肇論，[後秦]僧肇撰，大正藏第四五册。

紫柏老人集，[明]真可著，卍續藏第七三册。

祖庭事苑，[宋]善卿編，卍續藏第六四册。